大学生が推す

深掘り
ソウルガイド

加藤圭木〔監修〕
一橋大学社会学部
加藤圭木ゼミナール〔編〕

大月書店

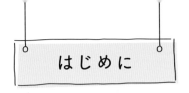

はじめに

　みなさんは、「ソウル旅行」といえばなにが思い浮かぶでしょうか。明洞や弘大でのショッピング、Instagramで見るようなおしゃれなカフェや雑貨屋さん、ドラマのロケ地めぐり、推し活などをイメージする方が多いと思います。また、景福宮や韓屋カフェ、韓服体験など伝統的な雰囲気を楽しみに行く人もいるのではないでしょうか。

　韓国旅行に行ったことのある人は、想像と違ったこともあったと思います。わたしたちも、韓国に行ってはじめて気がついたことがたくさんありました。「実際に出かけていって調べること」を朝鮮語ではタプサ（踏査）といいます。耳なじみがないかもしれませんが、韓国では、大学の行事でもタプサがあるなど、とても身近で親しまれている行為なのです。わたしたちが、このタプサという言葉を使うとき、「見学」や「調査」といった言葉とは少し違うニュアンスがあるように感じています。言葉にするのは難しいのですが、タプサそれ自体が韓国独自の文化の一つなのだと思います。

　わたしたちのゼミが1年以上かけて韓国で行ってきたさまざまなタプサを、もっと多くの人に体験してもらいたい。そんな思いでこのガイドブックを作成しました。この本を通して、タプサの楽しさに気づくことができたら幸いです。そして、行く予定のない人も、この本を通してソウルのいろいろな面を感じていただけたらと思います。

　この本が、今まで韓国に行ったことがある人も、これからだという人も、行く予定のない人も、すべての人にとって意味のあるものになることを願っています。

2023年11月

藤田千咲子

この本をつくった人

滝波明日香 〔たきなみあすか〕

社会学部4年。大学1年のときに『トッケビ』に出会ってから、韓国ドラマにドハマりしました。以来、暇さえあれば韓国ドラマを見る立派な"ドラマペン（ファン）"に。最近はK-POPにも関心が広がり、半年に1回くらいのペースでいろんなアイドルのライブに行っています。

根岸花子 〔ねぎしはなこ〕

社会学部4年。2023年2月から2024年3月までソウルに留学。猫が大好きで、街なかで見かけると必ず写真を撮ります。留学中の現在、最近は大学の近くでおいしいアイスクリームのお店を見つけたので、よく友だちとアイスを食べながら散歩しています。

藤田千咲子 〔ふじたちさこ〕

社会学部4年。2023年の2月から12月までソウルに留学していました。K-POPが好きで、特に好きなグループはNCT 127です。ソウルのお気に入りスポットは、聖水洞、ソウルの森、光化門の教保文庫です。

朝倉希実加 〔あさくらきみか〕

社会学研究科修士課程2年。2023年2月から2024年3月までソウルに留学。留学中の現在は、かわいいカフェと雑貨屋さんが好きで散歩しながらめぐっています。漢江で漢江ラーメンやチメク（チキンとビール）を友だちと食べたのが韓国の思い出です。

李相眞 〔イサンジン〕

社会学研究科博士後期課程。日本にいるときは韓国のバラエティ番組を見たりしながら時間を過ごしていました。今年（2023年）は久々に韓国に帰っています。ソウル出身ではなくてソウルについてよく知らなかったのですが、今回の本づくりをきっかけにソウルについての理解が深まりました。

熊野功英 〔くまのこうえい〕

社会学研究科修士課程2年。高校3年生のときにK-POPにハマり、大学4年生のときにはソウルに留学していました。ソウルでお気に入りのスポットは解放村と漢江です。タッカンマリとヤンコッチ、マッコリが好きです。

似顔絵：羽場育歩 〔はばいくほ〕（2021年一橋大学社会学部卒業）

Contents

〔注〕
＊ 本書は2023年に実施した取材時点の情報を掲載していますので、最新情報をご確認のうえお出かけください。
＊ 本書では「朝鮮」という用語は民族名・地域名として用いるものとします。大韓民国・朝鮮民主主義人民共和国のいずれか一方を指すものではありません。また、「朝鮮人」という用語は民族の総称として用います。
＊ 本書は性暴力に関する内容を扱っています。
＊ 執筆担当者名は、似顔絵と一緒に示すか、文末の（ ）内に示してあります。ただし、各項の執筆は相互協力のもとで進めました。記載がない場合は著者全員で執筆しました。
＊ 「アクセス」には地下鉄の最寄り駅を示しています。「地下鉄」の表記は省きます（例「地下鉄１号線」→「１号線」）。
＊ 「○○エリア」は「○○」の周辺地域も含むものとします。
＊ 座談会は当日の録音記録をもとにしていますが、収録にあたり大幅に加筆・修正しました。

ソウルマップとおすすめコース

どこからまわればいいの？

ソウルには魅力的なエリアがたくさんあります。本書では、1〜6、8、10、11でエリア・テーマごとにスポットを紹介しています。

どこからまわってもかまいませんが、ソウルをはじめて訪れた人はまずは「2　ソウルのランドマーク・Nソウルタワー」、「3　定番スポット明洞・南大門エリア」、「4　歴史を感じよう景福宮・光化門・市庁エリア」、「5　レトロかわいい仁寺洞・益善洞エリア」を順にまわるのがよいでしょう。

なかでも、実際に歩いてみることをおすすめしたいのは、「下山コースも見逃せない！　南山下山マップ」（18〜19頁）と「食事のあとの散策に！　明洞周辺お散歩コース」（38〜43頁）です。いずれも景色がきれいなので、天気のよい日にどうぞ！

ソウル旅行の醍醐味といえば、おしゃれな「カフェめぐり」！　延南洞（132〜133頁）、聖水洞（110〜111頁）、益善洞（66〜67頁）、解放村（108〜109頁）、文来洞（147〜148頁）など、今ホットな場所をいくつかピックアップしています。　　　　（李）

芸能事務所や「聖地」巡礼など、K-POPがきっかけで、ソウル旅行をする人も多いでしょう。本書でも「8　K-POPファン必見！　芸能事務所めぐり」や「11　ラグジュアリーなおしゃれスポット　江南エリア」などではK-POP関連の場所を紹介しています。それから景福宮（48〜49頁）はアイドルがパフォーマンスを披露したり、MV（ミュージックビデオ）に登場したりと、なにかと話題ですよね。　　　　（藤田）

各コースの解説を読む前に「ソウル600年の歴史」(20〜25頁)を
読んでおくと、説明がよりわかりやすくなると思います！　　　(根岸)

韓国ではフェミニズムが大きな盛り上がりを見せています。女性の人権
というテーマでソウルをまわってみたいという人は、「平日も人であふれ
る江南駅」(142〜144頁)、「コラム　一度は行きたい！　隠れ家的博物館
③」(134〜137頁)をまず読んで、訪問してみるのがいいでしょう。それ
以外にも、本書ではフェミニズムや女性史に関わる訪問先を紹介してい
ます。
　　　　　　　　　　　　　　　　　　　　　　　　　　　　　(朝倉)

地下鉄で移動していると気がつきにく
いのですが、本書が紹介している明
洞・南大門・市庁・光化門広場・
鍾路・仁寺洞・益善洞といったエリ
アは密集していて、場合によっては歩
いて移動することもできます。明洞や
鍾路を起点に動けば、本書
の2〜5のエリアには比較的
簡単にアクセスできますよ。
　　　　　　　　　(熊野)

ソウルでは、街なかを歩いているとよ
く猫に出会います。わたしは韓国留
学中、大学の保護猫サークルで活動
していました。ぜひソウルの街を歩き
ながら、かわいい猫たちを探してみて
ください。ちなみに本書のなかにも
猫がたくさんいます！　　　(根岸)

Nソウルタワー(16〜17頁)や徳寿宮の石垣道(56頁)など、韓国ドラ
マをよく見る人なら一度は目にしたことがあるスポットも盛りだくさん！
『ヴィンチェンツォ』に法律事務所ウサンの社屋として登場した韓国銀行
貨幣博物館(32頁)や、『トッケビ』の名シーンに登場した北村韓屋村エ
リア(74頁)、『二十五、二十一』のマロニエ公園(86頁)も見逃せませ
ん。
　　　　　　　　　　　　　　　　　　　　　　　　　　　　　(滝波)

注目スポットをピックアップ！

あのアイドルも？
汝矣島（ヨイド）!!
（114〜116頁）

わたしたちは滞在中、よく汝矣島漢江公園でパーティーを開きました！アイドルたちもここでラーメンを食べることがあるそう。汝矣島には「ザ・現代ソウル」などの巨大モールもたくさんあります。

K-POPコンサートを体験！
総合運動場　（145頁）

オリンピック主競技場と総合体育館などではK-POPライブも開催されます。K-POPファンはぜひ訪れてみたい場所の一つですよね。

今大注目！
文来洞（ムルレドン）
（147〜148頁）

芸術家が集まる街。おしゃれなカフェや居酒屋が次々にオープンしています。わたしたちが行ったときも人がいっぱいでした。

カフェや雑貨屋が人気！ 解放村
（108〜109頁）

『梨泰院クラス』のロケ地としても注目された解放村！ 南山の南側のエリアですが、おしゃれなカフェや雑貨屋がたくさんあります。

Sweets

Food

韓国旅行といえばやっぱりグルメ！

ソウルにはおいしいものがいっぱい！ 辛くないものもたくさんあるので、辛いものが苦手な人も安心して楽しめますよ。

ソウル旅行の基本

ソウルの玄関口は？

仁川国際空港（12 〜 14 頁）と金浦国際空港の二つがあります。東京からのLCCは主に仁川国際空港に到着するので、わたしたちはほとんど仁川国際空港を利用しています。仁川国際空港からは空港鉄道やバスに乗り1時間でソウルの中心部に到着します。金浦国際空港はソウル市内にあるので40分ほどで中心部に行くことができて便利です。

金浦国際空港

定休日に要注意！

博物館や王宮など施設の大部分は月曜日が休みなので要注意。ただし、景福宮は火曜日が休みなので、月曜日でもだいじょうぶ！

スマホは？

旅にスマホは必需品。e-SIM対応のスマホであれば、e-SIMを購入しておくとSIMカードを交換しなくていいので便利です。空港でモバイルWi-Fiをレンタルするのもいいですね。ほとんどの宿泊先や公共施設、カフェにはWi-Fiが完備されています。

マップのアプリとしては「NAVERマップ」（日本語にも対応しているが不完全）や「KakaoMap」（日本語非対応）が有名ですが、日本語に完全対応しているのは「コネスト地図」です。

便利な地下鉄

ソウルは地下鉄が発達しています。はじめて韓国に来たゼミ生でも、2 〜 3 日もすれば1人で地下鉄に乗って行動できるようになりました。日本語表示も多いので安心です。

地下鉄に乗るときは交通カード「T-money」を買いましょう。空港の自販機やコンビニで買えます。最近は、さまざまな決済に使えるプリペイド式の「WOWPASS」も便利で、「T-money」の機能もついています。日本のように鉄道会社間の乗換がないこともあり、地下鉄は驚きの安さ（ソウルの物価は高いけれど交通費は例外）。1万〜 2 万ウォンチャージしておけば2泊程度ならば余裕でしょう。

バスやタクシーは？

初心者がバスに乗るのは難しいかもしれません。タクシーは日本よりは比較的安いです。「KakaoT」というアプリでタクシーを呼ぶことができます。

海外旅行保険には必ず入ろう

万が一の怪我や病気のときはもちろん、思わぬトラブルでも海外旅行保険は役に立ちます。ネット経由で入ると安くなるので、加入しておきましょう。

1

旅の玄関口・
インチョン
仁川空港

WELCOME

仁川空港ってどんなとこ？

インチョン

ソウルの空の玄関口、仁川空港。日本と韓国を結ぶ多数の航空便が就航しており、
韓国旅行の際には多くの人が利用する場所です。
日本から飛行機に乗り、最初に上陸する仁川空港。
ワクワクして胸が躍る気持ちとともに記憶している人も多いでしょう。
そんな多くの人にとって印象深い場所であろう仁川空港は、永宗島という
昔から日本と関わりが深い土地に建てられた空港なのです。

ヨンジョンド

仁川空港がある場所、昔はなにがあったの？

　日本と仁川空港がある場所の関わりとは、いったいどのようなものだったのでしょうか。それは、19世紀後半にあった出来事までさかのぼります。現在仁川空港がある永宗島やその北にある島・江華島は当時、首都である漢城を守るためとても重要な場所でした（現在の永宗島はもともと四つの島だったが、空港建設の際埋め立てにより一つの島となった。旧永宗島は、現在の島の一番東側のエリア）。その重要な場所で、日本と朝鮮の間で「事件」が起こります。それは、1875年に発生した「江華島事件」です。この

カンファド

ハンソン

事件の名前を日本史の授業で聞いた人も多いでしょう。では、この事件は具体的にどのようなものだったのでしょうか。

朝鮮と日本の関係は？

　従来、東アジアには清（中国）を中心とした国際秩序があり（朝鮮は清に対して臣属する宗属関係を結んでいたが、朝鮮では自主的な国家運営が行われていた）、朝鮮と日本の間には対等な外交関係がありました。しかし、19世紀後半になると「征韓論」などの朝鮮を下に見るような思想が出てくるなか、日本は現状を変更するため軍事力で朝鮮に圧力を加える方針をと

せいかんろん

仁川空港

り、軍艦を釜山に派遣することにしました。朝鮮側は抗議しましたが、日本側はそれを無視し、北上し江華島と本土の間の水域まで侵入して挑発し、朝鮮側との軍事衝突が発生しました。さらに、永宗島の砲台を砲撃したうえで上陸し、建物を焼き払い、大砲を破壊し、朝鮮側の兵士35人を殺害しました。朝鮮にとって軍事上の重要地点であるがゆえに、侵入すれば当然朝鮮側から攻撃を受けるであろうことは予想できたにもかかわらず、日本はここに侵入して軍事衝突を起こしたわけです。

　日本政府は、この江華島事件の責任を問うという口実で朝鮮側に開港を迫り、軍事力を背景に日朝修好条規に調印させました。日本は、西洋から押しつけられた不平等条約よりさらに不平等性の強いものを朝鮮に押しつけたのです。また、上記の第1款には「自主ノ邦」であり、日本との「平等ノ権」を有するとありますが、この文言は朝鮮の清との伝統的な宗属関係を否定

日本海軍が占領した永宗島の現場

し、日本の朝鮮への影響力を拡大させるためのものでした。さらに「平等」をうたっておきながら実際には不平等な条文が多く盛り込まれました。日本は、日朝修好条規により朝鮮に釜山、仁川(インチョン)、元山(ウォンサン)の開港、日本の無関税特権、領事裁判権などを認めさせ、朝鮮への日本の勢力拡大の足がかりをつくったのです。

仁川空港がある島は日本の朝鮮への侵略・支配の始点ともいえる事件が起こった場所です。旅のワクワクだけではなく、このエリアのまた違う姿が見えてくるでしょう。（根岸）

江華島事件の際に永宗島で犠牲になった35人の朝鮮人兵士の追慕碑。アクセス：空港鉄道永宗駅からバス・タクシー

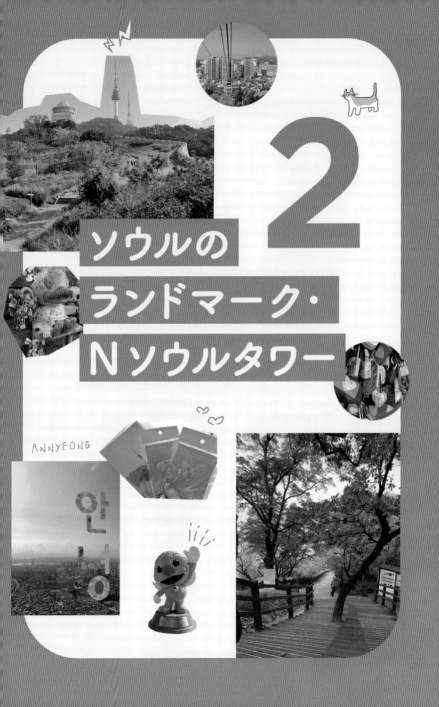

2

ソウルの
ランドマーク・
Nソウルタワー

ANNYEONG

Ｎソウルタワーから
ソウルを一望しよう

ソウルのランドマーク的存在として南山（ナムサン）の頂上にそびえ立つ「Ｎソウルタワー」。韓国旅行では、はずせないスポットの一つになっています。

(根岸)

Ｎソウルタワーまでは
どうやって行くの？

Ｎソウルタワーまでは「南山ケーブルカー」が便利。乗り場は南山の中腹にありますが、ケーブルカーの乗り場までは「南山オルミ」という「斜傾型エレベーター」を利用して登ることができます（明洞（ミョンドン）駅4番出口から徒歩10分）。

ケーブルカーからの
景色も最高

山頂まで道が整備されていて歩いて行くこともできますが、ケーブルカーが便利です。ソウルの街並みが一気に眼前に広がります。シャッターチャンス！

ケーブルカーからの光景

南山の頂上

ケーブルカーを降りて階段を約3分登ると頂上に到着です。Ｎソウルタワーに登らなくても、北側の景色が一望できます。「愛の南京錠」もあります。Ｎソウルタワーに入場すると、展望台に上る前にプロジェクションマッピングが鑑賞できるエリアがあります。

愛の南京錠

南山とんかつ

ケーブルカー乗り場の近くには「南山とんかつ通り」があります。ドラマ『ムービング』の印象的なシーンで「南山とんかつ」が登場しましたね!!（写真はロケ地ではありません）

16

Nソウルタワーからの北側の眺望は?

エレベーターで展望台へ登ると、360度ガラス張りの空間が広がっていて、ソウル市内を一望できます。足元に広がる南山の木々、その奥に広がる高層ビル群が目に入ります。

ここでソウルの街の構造を理解しておきましょう（6〜7頁ソウルマップも参照）。タワーから北側を見ると、朝鮮王朝時代以来の伝統的なソウル（当時は漢城）の城内エリアが見えます。旧漢城の中心部は、北岳山、仁旺山、駱山（写真には写っていない。東側）、そして南山に四方を取り囲まれており、都の真ん中には清渓川が流れています（54頁）。こうした配置が風水上すぐれているとされたのです（20頁）。

城内の北側には王宮である景福宮が置かれ、南大門・西大門（現在は跡地）・北大門（北岳山の東側の峠に位置）・東大門（写真には写っていない）を結ぶ形での城壁がつくられました（城壁は、南山・仁旺山・北岳山・駱山

の上にもつくられた。現在、南山と駱山の城壁はアクセスが容易。18〜20頁、23、79頁）。

20世紀初頭に朝鮮を植民地化した日本は、以上のようなソウルの都市構造を破壊していきました。景福宮の位置に朝鮮総督府（朝鮮支配のための機構）の庁舎を建設し（48〜49頁）、南山中腹に朝鮮神宮（26〜27頁）を設け、その二つの中間地点に京城府庁舎を設けました（57頁）。主要地点にこれらを配置することで、ソウルを支配していったのです。日本により城壁の多くも破壊されました。

Nソウルタワーの南側にはなにが見える?

南側には漢江、そしてその奥に江南や汝矣島の高層ビル群が見えます。が、ここで注目しておきたいのはその手前の龍山の景色です（タワーから見て南西側）。写真中央に横長に広がる緑の多い地帯は現在米軍基地（機能の大部分は移転済み）となっていますが、日本の植民地期には日本軍の基地が置かれていました（103頁）。その手前の建物が密集しているところは、解放村と呼ばれるエリアです（108〜109頁）。

下山コースも見逃せない！
南山下山マップ
（ナムサン）

ソウルのランドマーク、南山頂上にあるNソウルタワー見学を楽しんだあと、行きと同様にケーブルカーでそのまま下山する人を多く見かけます。でも実は、ソウルタワーから徒歩で南山を下りるコースには、見どころがたくさんあるんです！

（根岸）

アクセス

・南山山頂から徒歩
・4号線　会賢駅（フェヒョン）

徒歩でどうやって下山するの？

南山頂上、ソウルタワーの下の広場から、ケーブルカー乗り場へと続く階段は、ずっと下っていくと南山のふもとまでつながっているのです。頂上からふもとまでの所要時間は、見学しながらだと1時間半ほどです。

ケーブルカー乗り場横から続く階段

さっそく階段を降りて行ってみよう

階段は、ソウルを取り囲む城郭に沿ってつくられています。下りながら、ソウルが城郭都市であり、城郭が山の形に沿って築かれたことが実感できます（20頁）。

① 漢陽都城の展示（ハニャン）

頂上から15〜20分ほど階段を下っていくと、漢陽都城の展示場所に到着します。ここでは、2013年から2014年にかけて行われた発掘調査で発見された漢陽都城の城壁を見ることができます。

このエリアは南山の中腹です。頂上から下山するほうが楽ですが、4号線会賢駅から登りでこのエリアに来ることもできますし、タクシーで安重根義士記念館まで来る方法もあるでしょう。なお、下山した先には南大門市場があります。また③の近くの階段を降りると「食事のあとの散策に！ 明洞周辺お散歩コース」（38〜43頁）へ歩いて行くことができます。

② 朝鮮神宮拝殿跡

漢陽都城展示の横には、朝鮮神宮拝殿跡があります。朝鮮神宮は1925年に日本によって植民地支配を正当化する目的でつくられました（26〜27頁）。拝殿は、一般の参拝客が使用する場所でした。この拝殿の場所だけではなく、南山のふもとまでの一帯が朝鮮神宮であり、巨大な神社でした。この場所で、多くの朝鮮人が強制参拝をさせられたのです。また、建築の過程で南山にあったソウルの城郭は大部分が破壊されました（②は「クッチギル」〔38頁〕の一地点）。

朝鮮神宮拝殿跡の近くには漢陽都城史跡展示館案内センターがありますが、そこでは漢陽都城に関する展示や、南山の600年の変化を示した映像を見ることができます。南山に突如として巨大な朝鮮神宮が建設されるシーンは必見です。

③ ソウル日本軍「慰安婦」被害者追悼碑

朝鮮神宮拝殿跡を過ぎ、少し歩くと右手にソウル日本軍「慰安婦」被害者追悼碑があります（日本軍「慰安婦」問題に関しては135〜136頁）。この碑は、日本軍によって「慰安婦」として性奴隷にされた多くの女性・少女たちの苦しみを表しています。性奴隷として人権を踏みにじられたかのじょたちの存在と、歴史を記憶し、このような歴史を決して繰り返さないため努力しなければならないという教訓を伝え、現在も継続する性暴力を根絶するためにつくられました。記念碑は、朝鮮・中国・フィリピンの少女たちが手をつなぎ、それを金学順ハルモニ（1991年に「慰安婦」被害事実を世間に告白した女性。「ハルモニ」は朝鮮語で「おばあさん」の意味）が見つめる姿を表しています。2017年にアメリカのサンフランシスコにつくられた日本軍「慰安婦」像と同型の

もので、韓国、中国、アメリカ、フィリピンなど世界各地のコミュニティにより設置されました。

④ 安重根像・安重根義士記念館

駐車場をはさんでソウル日本軍「慰安婦」被害者追悼碑の向かい側には大きな安重根像と、その横には安重根義士記念館があります（28〜30頁）。日本では「テロリスト」とされることもある安重根。しかしこの像や記念館を見ることで、こうした認識とは異なる立場から安重根について考えることができそうです。

⑤ 白凡金九像

安重根義士記念館の前を過ぎ、そのまま歩いていくと南山公園に入ります。公園の広場には、独立運動家である金九（103〜104頁）の像があります。

⑥ 復元された城壁

公園を進んでいくと、復元された朝鮮王朝時代の城壁が現れます。ここは、ドラマ『梨泰院クラス』で登場した場所でもあります。植民地期、南山にあった城壁の大部分は日本によって破壊されました。しかし、現代になってこのように多くの場所が復元されはじ

めているのです。城壁横の道を歩き、城壁の破壊と復元の歴史に思いをはせながら、この復元作業の意味を考えてみるのもよさそうです。

ソウル600年の歴史

600年以上もの歴史をもつ都市・ソウル。
現在では、多くの日本人にとって観光地として
なじみの深いソウルですが、その長く深い歴史を、
朝鮮王朝時代のソウルから、現在のソウルまで概観していきたいと思います。

ソウルはどのように
つくられたの？

　1392年、李成桂により朝鮮王朝が建国されました。朝鮮王朝は儒教を国家統治の基本理念とし、両班という特権階層が支配した身分制社会でした。現在のソウルは1394年に首都に定められました。漢陽と呼ばれていたこの地は、王都として定められると漢城府と呼ばれるようになり、それ以降大きく発展しました。

　朝鮮王朝では風水地理説が重視されており、首都に適しているとしてソウルが選ばれました。ソウルの地は北岳山、仁旺山、駱山（東大門付近）、南山などの山に囲まれており（17頁）、南に漢江が流れ、その支流である清渓川（54頁）がソウルの中心部に流れているため、「背山臨水」という風水上の概念に適合し、よいとされたのです。また、防衛に適しており、水運が便利な場所だったといわれています。

　ソウルは四方を城壁で囲まれた城郭都市で、20k㎡ほどの広さの城郭内には、景福宮（48～49頁）などの王宮や中央官庁、商店街などが建設されました。そこに王をはじめ官吏や商人、軍人などが居住し、朝鮮王朝時代を通じて人口は初期の約10万人から後期には約30万人まで増加しました。

　16世紀末の豊臣秀吉の2回にわたる朝鮮侵略（壬辰倭乱）の際に、日本軍はソウルの城壁内に侵入し、一般の人びとを虐殺しました。景福宮は焼失

ソウル広場（アクセス：1・2号線市庁駅）

し、その後再建されるまでの約270年間放置され荒廃していきました。朝鮮半島全体もまた大きな被害を受けました。耕地は失われ、各地で起きた日本軍による虐殺によって人口も減少しました。さらに各地の建物や文書などの文化財が失われ、日本に強制連行された人びともいるなど朝鮮には大きな傷跡が残されたのです。

近代朝鮮と日本

　19世紀後半、朝鮮王朝は開国を迫られ、日本による政治的・経済的圧迫が強化されていきました（12～14頁）。国内では開国や日本の圧力に反対する勢力や、近代化を推進しようとする勢力（開化派）が現れました。また身分制の解体を目指し、日本の侵略に抗して1894年には甲午農民戦争という抵抗運動が展開されました（69頁）。このような朝鮮の人びとの変革への動きを日本は踏みにじり、日清・日露戦争などを通じて、侵略と植民地化を進めました（一方、1895年に清と朝鮮の宗属関係〔12頁〕は廃止。1897年に朝鮮王朝は大韓帝国と国号を変え、国王の高宗〔在位1863～1907年〕が皇帝となった。皇帝権限が強化されるなかで自主独立が追求さ

れていた）。1905年には「第二次日韓協約」（乙巳条約）を強制して外交権を奪って事実上植民地化し、支配機構として統監府を置きました。1907年、日本は高宗を強制退位させ、大韓帝国の軍隊を解散させましたが、大きな抵抗がわき起こりました。朝鮮人は義兵運動などを通して抵抗を繰り広げましたが、日本はこれを武力で弾圧し、ついに1910年には「韓国併合に関する条約」を強制して朝鮮を完全に植民地化しました（「韓国併合」）。そして、朝鮮を支配するために朝鮮総督府が設置されました。

日本の朝鮮支配政策は、軍事力を前面に出したもので、統治を担う朝鮮総督には陸海軍大将が就任して絶大な権限を有しました。1910年代の支配政策は「武断政治」と呼ばれましたが、憲兵（軍事警察）が普通警察事務も担う憲兵警察制度が敷かれました。言論・出版・集会は厳しく取り締まられ、政治結社は解体されました。こうした強圧に抗して、1919年には朝鮮全土や国外で3・1独立運動が数か月にわたり展開されました。このため日本は支配方式を手直しし、憲兵警察制度を廃止して普通警察制度に転換した

南大門と城壁（アクセス：4号線会 賢駅、1号線ソウル駅）
南大門では1907年の大韓帝国軍の強制解散時に、朝鮮人兵士が日本側に抵抗して大規模な戦闘が行われた。

国立中央博物館（アクセス：4号線・京義中央線二村駅）
先史から大韓帝国期までの歴史、美術品などが展示されていて、朝鮮の前近代からの歴史を学ぶには最適。BTSがパフォーマンスを披露したことでも有名！ この写真を撮影した位置で振り返ると、龍山の米軍基地（旧日本軍基地、103頁）を眺めることができる。

り、言論・出版・集会・結社の取締りを緩和するなどの措置をとりました。これは「文化政治」と呼ばれましたが、強圧的な支配の本質は変わりませんでした。さらに朝鮮人上層を権力側に引き寄せようとする懐柔政策がとられました。対日協力者は「親日派」と呼ばれ、現在も批判を受けています。

ソウルは「京城」に

日本は「韓国併合」とともに漢城を「京城」という名称に強制的に変更しました。「京城」は植民地支配の中枢として機能し、朝鮮総督府庁舎（48～49頁）や朝鮮軍司令部（朝鮮に駐屯した日本軍、103頁）、東洋拓殖株式会社（33頁）などが設置されました。道路網や電車網が整備されたり、鉄道駅や銀行、百貨店など多くの西洋

式建築物が建てられたりと、表面的には近代的な「発展」を遂げたように見えましたが、本質的には日本のためだけの「発展」でした。こうした「開発」は、日本の支配基盤を形成し、中国への侵略戦争を推進するためのものであり、従来朝鮮人による独自の発展が繰り広げられてきた場所を破壊するものでした。道路や鉄道網などの整備によりソウルの城壁の大部分は破壊され、民家と土地も強制的に奪われました。さらにこうした強権的な「開発」政策は朝鮮人からは風水にもとづく都市のあり方を破壊するものと受けとめられました。

ソウルの人びとの生活はどうなったの？

朝鮮人の生活は、日本による支配の

進展とともに流入してきた日本人によって踏みにじられました。「京城」では多くの日本人が総督府官僚や警察官、商人などの社会上層として生活していました。その生活は朝鮮人への差別的待遇や、日本の搾取によって貧困におちいった朝鮮の人びとを踏みつけにして成立するものでした。朝鮮総督府では、幹部を日本人が独占していたり、同一の役職でも朝鮮人より日本人のほうが給与が多いなど差別体系は強固なものでした。民間企業にあっても同様でした。

　植民地時代の朝鮮では日本人を頂点とした地主制が形成され、朝鮮人農民の貧窮化が進みました。人びとは生まれ育った村を離れざるをえず、ソウルなどに移り住んだりしました。しかし、安定した職を得ることが難しく「土幕村」（どまく）と呼ばれる貧民街が形成されました。「近代的」な建物のすぐ横には、こうした光景が広がっていたのです。なお、農村を離れた人びとはソウルだけではなく、日本や満洲に渡ったり、山に入って「火田民」（かでんみん）（焼畑農民）となりましたが、いずれも経済的な困難が待ち受けていました。

　「儲かった朝鮮人もいた」と主張する人もいます。たしかに、ごく一部の朝鮮人の上層にはそのような人もいました。しかしそれは日本が朝鮮民族を分断して一部の上層を権力側に引きつけようとする懐柔政策をとったためであり、支配を維持するための手段だったのです。朝鮮人資本の大多数は発展を抑制されました。

徳寿宮内の惇徳殿（トクスグン　トンドクジョン）（アクセス：1・2号線市庁駅）
当時の政治外交の中心であった王宮・徳寿宮（56頁）に1902年に建築されたが、植民地期に撤去された。2023年に復元され、内部は近代外交に関する展示が設けられている。

ミンヨンファン
閔泳煥の銅像（アクセス：2・5号線忠正路駅すぐ）

チュンジョンノ
日本が朝鮮に強制した「第二次日韓協約」に反対して自決した人物の銅像（70頁）。忠正路の地名は、1946年に閔泳煥のおくり名である「忠正」にもとづいてつけられた。2022年、忠正路の地に閔泳煥の銅像と、その生涯に関する展示が設置された。

　文化の側面では、日本の朝鮮統治では同化政策が重視され、戦時期には天皇への忠誠を誓わせ戦争に協力させようとする「皇民化」政策が推進されました（27頁）。しかし、どこまでも朝鮮人を劣った存在として差別の対象とするものでした。

　こうした支配に朝鮮人は抵抗を続けました。前述した1919年の3・1独立運動のあとも労働運動や農民運動、女性運動、社会主義運動などが朝鮮内外で粘り強く行われました。

現代のソウルは？

　1945年8月、朝鮮は植民地支配から解放されました。当時の朝鮮は植民地支配の結果、最貧国の状態にありました。さらに朝鮮は南北に分断され、ソウルは南側の韓国の首都となりました。韓国では軍事独裁権のもとで強権的な開発政策が推進されました。1980年代後半以降民主化が進み、日本が建設した朝鮮総督府庁舎が解体されたり（49頁）、城壁が復元されるなど、日本の植民地支配によって破壊されたソウルを取り戻そうとする政策が進められています。

ソウル市内にある復元された城壁や植民地時代の建物を見ながら、植民地支配当時の様子を想像してみましょう。　　　（根岸）

南山って
もとはなにがあったの？

Nソウルタワーが建っている南山は、
明洞や東大門、龍山などからも見えるソウルを代表する観光地です。
現在多くの人びとが訪れる南山は、
近代以前はどのような場所だったのでしょうか。

朝鮮王朝時代、南山はどんなところだったの？

朝鮮王朝時代、南山は国の安寧を祈る祭祀が春と秋に行われる、神聖な場所であると同時に、美しい景観で多くの人びとが訪れる場所でした。また、都城を防御する各種施設が置かれ国防的にも重要でした。

この位置にかつて朝鮮神宮拝殿があった。奥には植民地時代に掘られた防空壕の跡も残されている。

その後、南山はどうなったの？

1885年、南山に日本の公使館が置かれると、以降南山一帯には日本人居留民が急激に増加しました。朝鮮が日本の植民地となったのち、1925年には南山のふもとから中腹にかけて朝鮮神宮がつくられました（19頁②）。朝

鮮神宮は「京城」中心部のどこからでも見えるほど巨大で、それまで朝鮮の人びとにとって重要な存在であった南山の景観を壊すものでした。また、建築のために城郭は大部分が破壊され、朝鮮王朝時代に祭祀が行われた場所は朝鮮神宮より上にあるという理由で移築させられました。

朝鮮神宮ってなに？

　植民地期には、日本の支配政策の一環として朝鮮各地に神社がつくられました。朝鮮神宮はその頂点に位置し、日本の国祖・皇祖とされる天照大神（あまてらすおおみかみ）と明治天皇を祀ることで日本の朝鮮支配の正当化が試みられました。

　日本の大陸侵略が進行し、1937年に日中戦争が始まると、朝鮮の人びとを戦時体制に組み込む必要性が生じました。朝鮮の人びとの民族性を消し去り、天皇に忠誠を誓わせ日本の侵略戦争に積極的に協力させる「皇国臣民化（こうこくしんみんか）」政策（「皇民化（こうみんか）」政策）が始まったのです。毎月1日を愛国日と定め、宮城遥拝（ようはい）や「日の丸」掲揚、皇国臣民の誓詞（せいし）、勤労奉仕などが月例行事として強行され、神社への参拝が強制されました。朝鮮神宮へも、多くの人びとが参拝を強制されました。また、キリスト教徒にも参拝を強制し、参拝を拒否したキリスト教系の学校は廃校にさせたり、校長や教頭を日本人に交代させるなどすることで支配していったのです。

　朝鮮各地にあった神社は、1945年の朝鮮解放直後に朝鮮人の手によって破壊されました。朝鮮神宮は日本人神官の手によって儀式が行われ、建物は燃やされました。

1933年当時の朝鮮神宮
（出典：ソウル歴史アーカイブ）

実は南山下山コース（18〜19頁）は参道を含む朝鮮神宮跡を下るコースでもあるのです。当時の様子を想像しながら歩いてみましょう。　　　　（根岸）

一度は行きたい！
隠れ家的博物館紹介①

アクセス 4号線　会賢駅〔フェヒョン〕

安重根義士記念館

　南山公園の一角にある安重根〔アンジュングン〕義士記念館。朝鮮の独立運動家・安重根の生涯を紹介する博物館です（19頁④）。安重根といえば、初代内閣総理大臣の伊藤博文〔いとうひろぶみ〕を射殺した人物として、歴史の授業で習った人もいるでしょう。しかし、日本の教育のなかでは、なぜかれが伊藤博文を射殺したのか、その背景について深く学ぶことはあまりありません。「テロリスト」と呼ばれたりすることもある安重根ですが、いったどのような人物なのでしょうか？

安重根ってどんな人？

　安重根は1879年9月2日、朝鮮西北部の黄海道海州〔ファンヘドヘジュ〕で生まれま

した。16歳で結婚し、19歳のときに洗礼を受けてカトリックに入信したかれの転機となったのは、1905年の「第二次日韓協約」でした。伊藤博文は日本軍の武力的圧力を背景に、皇帝と閣僚を一人ひとり脅迫しながら、条約を締結させました。これにより日本は大韓帝国の外交権を奪い、実質的な植民地化をなしたのです。そして統監府が設置されると、伊藤博文は初代統監に就任しました。日本近代化の父ともいわれる伊藤博文は朝鮮の独立を脅かす帝国主義者でした。

安重根はこれを機に海外での独立運動を模索しはじめます。学校建設などの教育活動も行いましたが、1907年の「第三次日韓協約」により、大韓帝国の軍隊が強制解散され、高宗も退位に追い込まれると、安重根はウラジオストクへの亡命を決意し、義兵闘争に身を投じるようになります。そして1909年10月26日に中国のハルビン駅で伊藤博文を射殺し、逮捕されました。

なお、日本の内閣は1909年7月6日付で「韓国併合に関する件」を閣議で通過させており、明治天皇も直後にこれを承認していました。安重根の伊藤博文狙撃が朝鮮植民地化のきっかけとなったという見方は誤りであることが明らかにされています。

南山公園内の安重根銅像

安重根の遺墨碑

安重根と「東洋平和論」

安重根の行動の思想的背景には
「東洋平和」というものがありま
した。実際にかれは「私ガ伊藤公
爵ヲ殺シタノハ公爵カ居（お）レ
ハ東洋ノ平和ヲ乱シ日韓間ヲ疎隔
スルカラ韓国ノ義兵中将ノ資格ヲ
以（もっ）テ殺シマシタノテス」

（「安重根外三名第五回公判始末書」市川正明『安重根と日韓関係
史』原書房、1979年）と述べています。「東洋平和」の前提として
の朝鮮独立を脅かす伊藤博文は「東洋平和」を乱す存在であり、
だからこそかれは単に「テロ」のような個人的な行為ではなく、
朝鮮独立を守るための戦争であった義兵闘争の一環として伊藤博文を
射殺したのです。

安重根は旅順（りょじゅん）の監獄に収監されているときに、自身の思想をま
とめた「東洋平和論」を執筆していましたが、死刑執行により未
完に終わりました。そのため、かれが「東洋平和論」で主張しよ
うとしていた内容は正確にはわかりません。しかし一部の史料か
ら、日・清・韓三国による旅順港の共同管理や平和会議の組織、
共同銀行の設立および共通貨幣の発行などを思索していたことが
明らかになっています。現代のEUなどにも通ずる画期的な平和思
想だといえるでしょう。安重根は平和主義者でもあったのです。
問題にすべきは安重根の武力行使の是非ではなく、それを招いた
日本の朝鮮侵略・植民地化とそれにともなう虐殺や収奪です。

なお、安重根の遺骨はいまだに発見されておらず、遺骨のあり
かの情報を握っているであろう日本政府は情報開示や調査に消極
的な姿勢を示しています。安重根が思索した「東洋平和」を実現
するためにも、日本が歴史的責任を果たしていくことが求められ
ています。

（熊野）

定番スポット
明洞・南大門
（ミョンドン　ナンデムン）
エリア

3

YUMMY

韓国旅行といえばココ！

明洞エリア
ミョンドン

ソウル観光に欠かせない繁華街、明洞。屋台など韓国ならではのグルメやショッピングを楽しむことができます。観光客も戻ってきて、コロナ禍以前の活気を取り戻しつつあります。　（藤田）

アクセス
・2号線　乙支路入口駅（ウルチロ）
・4号線　明洞駅

1 新世界百貨店本店

本館と新館からなる高級老舗デパート。本館は昔ながらの雰囲気のある6階建ての建物なのですが、この建物は植民地期には「三越百貨店京城支店」だったのです（詳しくは35〜36頁）。

2 韓国銀行貨幣博物館（旧朝鮮銀行本店）

世界各国の貨幣の歴史や貨幣の製造過程を学ぶことができる博物館で、体験コーナーも充実しています。もともとは、朝鮮銀行本店でした（詳しくは35頁）。解放後は韓国銀行として使われていましたが、2001年に現在の博物館となりました。

3 明洞芸術劇場

観客と演者の近さが特徴的で、多様なステージを楽しむことができる劇場です。植民地期、この建物は「明治座」でした（詳しくは36頁）。

4 明洞餃子

明洞の人気グルメといったら明洞餃子！ 1966年創業の歴史のあるお店です。ご飯どきには大行列ができるので注意。

アツアツで美味しい

乙支路入口駅

11 東洋拓殖株式会社跡地（ハナ金融グループ明洞社屋）

10 明洞文化公園

MOLTO Italian Espresso Bar

9 李在明義士義挙跡

3 明洞芸術劇場

明洞大聖堂 5

2 韓国銀行貨幣博物館（旧朝鮮銀行本店）

ALAND 明洞本店

4 明洞餃子

8

7 REDEYE

1 新世界百貨店本店

明洞駅

12 明洞周辺お散歩コースのスタート地点（38頁）

5 明洞大聖堂

1898年に完成した韓国初のレンガづくりの韓国カトリックのカテドラル。繁華街にありながらもおごそかな雰囲気が感じられます。ここは1960〜80年代の軍事独裁政権下で抵抗する市民たちの拠り所となり、「民主化の聖地」とも呼ばれています。

> 見ているだけでも楽しい

⑥ 李在明義士義挙跡

明洞大聖堂の前は、1909年12月22日、当時19歳の独立運動家の李在明が「親日派」の李完用を刺した場所です。李完用は一命をとりとめました。李完用は1905年の「第二次日韓協約」（乙巳条約、21〜22頁）の「締結」を進めるなど日本に全面的に協力した政治家です。李在明は西大門刑務所（61頁）で死刑が執行されています。

⑦ REDEYE

種類が豊富で価格もお手頃なアクセサリーショップ。壁いっぱいに並んだアクセサリーにワクワクすること間違いなし。

⑧ ALAND 明洞本店

韓国の新進デザイナーズブランドとサブカルチャーを発信するセレクトショップ。明洞本店は4階建てで、服だけでなく雑貨も豊富です。自分だけのネームタグやアクセサリーがつくれるコーナーも。

⑨ MOLTO Italian Espresso Bar

テラス席から明洞大聖堂とNソウルタワーを見渡せるカフェ。明洞大聖堂の向かいにあるPAGE明洞というビルの3階にあります。明洞大聖堂をバックに「人生ショット」を撮ってみましょう♪

⑩ 明洞文化公園

ショッピングやご飯のあと、人混みに疲れてきたら明洞文化公園でひとやすみ。「明洞の話」（명동이야기）と書かれた案内板を読むと、明洞の歴史について学ぶことができます。

⑪ 東洋拓殖株式会社跡地
（ハナ金融グループ明洞社屋）

乙支路入口駅5番出口を出て少し歩くと、薄茶色の大きなビルが見えます。このビルはハナ金融グループ明洞社屋です。ここは、植民地期に東洋拓殖株式会社（東拓）の朝鮮支社があった場所でもあります。東拓は、1908年に日本が朝鮮半島の土地略奪を進めるために設立した国策会社です。植民地期には東拓に土地が集められ、巨大地主として君臨したのです。

⑫ 明洞周辺 お散歩コースの スタート地点
（38頁）

明洞駅1番出口からお散歩してみよう。

> クセになる美味しさ

ハナ金融グループ明洞社屋の前には、羅錫疇の像があります。羅錫疇は独立運動家で、1926年に東拓に爆弾を投げ込みました。その直後に自決しています。

明洞には昔から
日本人が多かったの？

みなさん、明洞といえばなにを思い浮かべますか？
服や化粧品など、ショッピングを楽しんだり、屋台などでグルメを楽しんだり……。
明洞は韓国旅行に行くなら外せないといっても過言ではないほど、
有名な観光地です。
そんな現在の"観光地"明洞、実は昔も日本人が多くいた場所だったのです。

なぜ多くの日本人がいたの？

そもそもなぜ明洞に日本人が多くいたのでしょうか？ その理由を探りに、歴史をひもといていきましょう。

明洞に多くの日本人がいたのは主に19世紀末から20世紀前半にかけてでした。しかし、それ以前から朝鮮には多くの日本人が住みはじめていたのです。1875年の江華島事件（12〜14頁）を口実に日本は朝鮮に武力を背景として開国を迫り、1876年、日朝修好条規を締結。こうして朝鮮が開国させられると、日本人は有利な条件で日朝貿易を拡大し、開港地周辺に居留地を形成しました。1885年にはソウルの南山のふもとが日本人居住地として指定され、ソウルにも日本人が住みは

じめました。

20世紀初頭の日露戦争期、日本による朝鮮への侵略が深まると、朝鮮での軍需の増大をねらい、利益を得ようとさらに多くの日本人が「京城」に渡来しました。かれらは「国家の威光を背に」朝鮮に渡り、経済的侵略に加担したのです。さらに日露戦争で日本が勝利し朝鮮で独占的な地位を確保すると、日本はその支配体制をいっそう強固なものにするために日本人の移住の便宜を図り、日本人は急増しました。

1910年の「韓国併合」以降、日本が朝鮮を植民地支配していたために、現在の明洞は日本風の名前で「明治町」「本町」などと呼ばれました。1920〜30年代になると、明洞には多くの商店や金融機関、劇場などが立ち並ん

韓国銀行貨幣博物館

でいたといいます。多くの日本人が明洞に住み、商業などさまざまな活動を行い、とてもにぎわっていたのです。

今も残る建物から
昔の様子を想像してみよう

　それでは、植民地期の明洞はどのような街だったのでしょうか。明洞の周辺も含めて、今でも残っている建物を手がかりに見ていきましょう。

　明洞周辺を歩いていると、現代的な建物たちのなかに突然、「モダン」な建物が現れることに気づくでしょう。その一つが明洞の西側にある韓国銀行貨幣博物館です。この建物は植民地期には朝鮮銀行本店でした。日本は、大韓帝国での金融支配の中心として1909年に韓国銀行を設立し、「韓国併合」後の1911年には朝鮮銀行に改編させました。朝鮮銀行は日本による朝鮮支配、大陸侵略の展開とともに発展していった帝国主義金融機関でした。

　また、韓国銀行貨幣博物館の向かいにある新世界百貨店もその一つです。多くの高級ブランド店や、大規模な免

税店が入っていたり、クリスマスには
豪華なプロジェクションマッピングが
行われたり、多くの観光客が訪れるス
ポットとして知られている新世界百貨
店は、1934年開業の三越百貨店京城
支店を前身としています。植民地支配
のもとで三井財閥が朝鮮への経済進出
を進めるなかで建てられたものでし
た。当時も多くの日本人がショッピン
グを楽しんだそうです。

新世界百貨店

　さらに、多くの店が立ち並ぶ明洞の
通りを歩いていると現れるのが明洞芸
術劇場です。ルネサンス調の豪華な外
観は、ひと際目を引きます。明洞にお
ける文化・芸術の発信地ともいえるこ

の明洞芸術劇場は、1936年に日本人
がつくった明治座を前身としていま
す。当時は日本人のための娯楽施設と

明洞芸術劇場

して使用され、主に日本映画を上映しており、多くの日本人が映画を楽しみました。

明洞のにぎわい、どう考えればいいの？

　今も多くの日本人がショッピングを楽しむ"観光地"明洞は、日本による朝鮮支配のもとで、日本人が多く住みとてもにぎわっていました。それは日本人が支配者層として社会の上層に入り込んだことで有利に商業活動ができたり、金融活動ができたりした結果、豊かな生活が保障され、そのために実現した「にぎわい」といえます。つまり朝鮮人の多くの犠牲のうえに成り立っていたものでした。ただ、多くの日本人は朝鮮人を日本人より劣った存在として見ていました。朝鮮人への差別を正当化し、朝鮮人の貧困を日本人による朝鮮人差別や抑圧、搾取に起因するものとして認識していませんでした。

　実際、明洞は「親日派」に対する李在明による抵抗や、日本による経済支配の中心となった東洋拓殖株式会社に対する羅錫疇による抵抗の現場でもありました（33頁）。

　朝鮮人の犠牲のうえに繁栄した明洞は、日本人が朝鮮を支配した象徴としても見ることができるでしょう。そのように歴史を知ることで、今の明洞という街自体への見方も少し変わってくるのではないでしょうか。

明洞の別の顔が見えてきましたね！
（根岸）

食事のあとの散策に！
明洞周辺お散歩コース
ミョンドン

ショッピングとグルメを満喫したあとは、のんびりお散歩してみるのはいかがでしょう？
観光客に人気の繁華街として知られる明洞ですが、
南山方面に少しだけ登っていくと歴史を感じられるスポットがたくさんあります。
ナムサン
効率よくまわれるプランをご提案します！
お散歩の最後にはフォトジェニックなカフェで疲れを癒しましょう。

アクセス　**4号線　明洞駅1番出口**

まずはじめに……
「クッチギル」とは？

　植民地期、南山には日本が朝鮮を支配するための政治的・精神的な拠点として官庁と神社が置かれていました。景福宮が見下ろせるところにそれらを建てることで、日本の優位性を示そうとしたのでしょう。
キョンボックン

　現在、南山には、植民地支配の拠点であった遺跡をつないだ「クッチギル」という道があります。「クッチ」とは「国恥」（国を奪われること）、「ギル」とは「道」という意味です。統監官邸跡から南山中腹までが結ばれていますが、ここでは、そのうちの明洞寄りの地点を取り上げたいと思います（一部の地点は、18〜19頁）。

❶統監官邸って
どういう場所？

　一つ目のスポットは統監官邸跡です。クッチギルはここから始まります。1905年、大韓帝国の外交権を奪って「保護国」とする「第二次日韓協約」が「締結」された際に、大韓帝国を支配するための最高統治機関である統監府が設置されました。統監官邸は、統監府の最高責任者である統監が住んでいた場所です。

　1910年8月22日、ソウルに日本軍を集結させたうえで、まさにこの場所で、寺内正毅統監が大韓帝国に「韓国併合に関する条約」を強制しました。朝鮮は完全に日本の植民地となったのです（22頁）。
てらうちまさたけ

今この場所には、「統監官邸跡」という標石があります。

なんで像の土台が逆さに置かれているの?

統監官邸跡（①）には、右下写真のような柱形の像の土台があります。裏側を見てみると、「男爵 林権助君像（はやしごんすけ）」という文字が逆さまに書かれています。なぜわざわざ逆さにして置かれているのでしょうか。この像が設置されることになった過程を見てみましょう。

林権助は、1899年に駐韓日本公使として赴任しました。伊藤博文とともに高宗（コジョン）皇帝や大韓民国の大臣たちを脅迫して1905年に「第二次日韓協約」を強制的に「締結」させ、「併合」の足がかりをつくった人物として知られています。日本政府はその功績によって林に男爵位を与え、「韓国併合に関する条約」が「締結」された場所である統監官邸に銅像を建てました。解放後、その銅像は破壊され放置されていましたが、解放70周年を迎えた2015年に像の土台が逆さに建てられ、戒（いまし）めとして保存されることになり、現在のような逆さの像が生まれたのです。日本の侵略・支配が韓国でどのように受けとめられ、どのように記憶されるべきだと考えられているのかが明確に表れているといえます。

▲統監官邸跡標石

林権助銅像の土台▶

撤去された
「日本軍「慰安婦」
記憶の場」のモニュメント

統監官邸跡の場所（①）には、「日本軍「慰安婦」記憶の場」(以下「記憶の場」) があります。かつて「記憶の場」には、右の写真のように被害者たち247名の名前と証言を時期別に刻んだ「大地の目（대지의 눈）」、そして「記憶しない歴史は繰り返される（기억하지 않는 역사는 되풀이된다）」という文が朝鮮語、日本語、英語、中国語の4か国語で刻まれた「世界のへそ」がありました。これらは市民の募金にもとづきソウル市が設置したものでした。

では、なぜここに「記憶の場」が置かれたのでしょうか？ それは日本軍「慰安婦」問題の根底には日本による植民地支配があったと考えられているからです。日本軍「慰安婦」問題は女性の人権侵害であるとともに、侵略や民族差別の問題としても認識されているのです。

このように被害者たちの記憶を伝える重要な場につくられ、訪れる人びとに被害者たちの痛みとそれを記憶することの意味を訴え続けてきた「大地の目」と「世界のへそ」でしたが、2023年9月に突如、市民の反対を押し切っ

て、ソウル市によって撤去されてしまいました。今は「日本軍「慰安婦」記憶の場」という場所の名前を示す標石だけが残されています。この背景には韓国における歴史否定論の影響の拡大があります（137、158〜159頁）。被害者たちの記憶を消し去ろうとする動向にも注意を払いつつ、被害者たちを記憶するとはどのようなことなのかを考えてみましょう。

> 統監官邸跡には、南山イェジャン公園に上がるエスカレーターまたはエレベーターを使って、坂を登らずに行くこともできます。

② 記憶6
なんで建物がポストの形なの？

南山イェジャン公園には、赤いポストのような形をした建物があります。これは「記憶6」という建物です。なぜこの建物はこのような形をしているのでしょうか。「記憶6」とはなにを意味しているのでしょうか。旧統監官邸

とほぼ同じ場所に、解放後韓国の軍事独裁政権の時代に国民の監視と統制を行った中央情報部6局が置かれており（1981年から国家安全企画部6局）、記憶6展示館は6局があった場所にあるのです。6局では国民監視、不法逮捕、拷問などの国家暴力による人権侵害がなされていました。拷問の方法は、植民地期に日本が行った拷問を真似たものであり、日本の植民地支配と韓国の軍事独裁の連続性を見ることができます。軍事独裁政権の時代に「南山」という言葉はすなわち「中央情報部」を意味し、人びとから恐れられていたのです。

こうした苦しい歴史を記憶し、歴史と対話して、時代を省察するという意味をこめて、記憶6はポストの形をしています。建物のなかに入ると、拷問部屋が再現されています。映像作品を見ながら、当時この場所でどのようなことが行われていたのか、思いを馳せてみましょう。

記憶6の手前のスペースは植民地期に朝鮮総督府官舎（④）があった場所です。

また、南山イェジャン公園の下層には、「李会栄記念館」があります。李会栄は南山の地にゆかりのある独立運動家で、5人の兄弟とともに新興武官学校を設立し抗日闘争に参加する人びとを多く育てるなど、多様な活動を行いました。展示は2階から始まります。

③ 日帝甲午役記念碑跡

現在の崇義女子大学の入口には、「日帝甲午役記念碑」の跡地があります。「甲午役」とは1894〜95年の日清戦争を意味します。朝鮮支配を目的とした日清戦争に勝利し、その過程で朝鮮民衆を虐殺した日本は、日本軍戦死者の一部の遺骨を南山北側の丘に秘密裏に埋め、追慕の記念碑を建てたのです。現在、この記念碑の存在を確認することはできませんが、案内板などで場所を把握してみましょう。

④ 朝鮮総督府跡

現在「ソウルアニメーションセンター」がある場所には、1926年に景福宮（48〜49頁）の新庁舎に移動する

まで、朝鮮総督府が置かれていました。1921年に金益相（キムイクサン）が、日本の支配に抵抗して爆弾を投げつけた場所でもあります。わたしたちが訪問したときは工事中で、写真のような金益相の写真と簡単な説明がありました。

「併合」後、朝鮮総督府は、朝鮮支配の中心として立法・行政・司法・軍隊統率権を一元的に行使できる絶大な権力をもちました。その最高責任者である朝鮮総督は、天皇によって直接任命されていました。

⑤ 京城神社跡

崇義女子大学のキャンパスに入って少し進んだところには、「경성신사 터 이야기（京城神社跡の話）」と書かれた案内板があり、写真や解説文が載っています。崇義女子大学のキャンパス内ですが、わたしたちは入口で守衛さんに見学したいと伝えたら入れてもらうことができました。

1898年にこの場所に建てられたのが、京城神社です。京城神社は、朝鮮神宮が建立されるまで、朝鮮総督府が祭儀を行う最高神社施設でした。

解放後、ここにはしばらくの間「檀（タン）

君聖廟（グン）」が設置されていましたが、現在は崇義女子大学が建てられています。同大学の前身である崇義学園は、植民地期には平壌（ビョンヤン）にあり、1938年にキリスト教の学校として神社参拝を拒否し、廃校にされました。1963年に、京城神社の跡地に崇義女子大学が設立されたのです。

⑥ 乃木神社跡

黄色い校舎が目印のリラ小学校が建っている場所には、1934年に日本によって建設された乃木神社の跡地があります。神社の入口だった場所には、今でも「手水舎」などの残骸が残っています。乃木神社は、日清戦争、日露戦争で日本軍を率いた陸軍大将である乃木希典（のぎまれすけ）を祭神として祀った神社です。乃木希典とは、明治天皇の死に際し、その「大葬の日」に夫婦ともに自決したことで「国民的英雄」となった軍人でもあります。この神社も、京城神社と同じく、朝鮮人を教化する役割を果たしました。日露戦争で日本が勝利した結果、朝鮮の植民地支配が実行されたことをふまえると、この場所に乃木神社が建てられたことの残酷さも感じら

れます。

　このように、京城神社、乃木神社、さらに朝鮮神宮があったソウル南山は植民地期の精神支配の中心地だったのです。

「국치길　クッチギル」の案内板はなんでこんな形をしているの？

　クッチギルの主要7地点（統監官邸跡、朝鮮総督府跡、乃木神社跡、日帝甲午役記念碑跡、京城神社跡、漢陽公園碑〔本書では省略〕、朝鮮神宮跡〔19頁〕）には、「ㄱ」の形をした案内板が設置されています。その高さは1910mmで、日本が朝鮮を完全に植民地と

した年（＝韓国が国恥を受けた年）である1910年を意味しています。

　地面にも「ㄱ」字型の案内銅板が25個設置されてお

り、国恥から光復まで（「併合」から解放まで）を意味する「1910/1945」の文字が刻まれています。

　「ㄱ」はハングルの最初の子音であり、「道」の「ㄱ」であり、「国恥」の「ㄱ」であり、「記憶」の「ㄱ」です。

　「国恥」という言葉には、いったいどのような思いが込められているのでしょうか。この道を歩きながらわたしたちと一緒に考えてみましょう。

❼ お散歩のラストは人気カフェ「クハルグ南山店」

　3階建でテラスもある解放的なカフェ。ここまで歩いてきた道を一望することができます。どこか懐かしい雰囲気で、旅の疲れも癒せるかも。ドリンクはもちろん、今大人気のスイーツ、クロッフルまで！　わたしたちはヨーグルトスムージーとオレンジスムージーを飲みました。

少し足を延ばせばそのままケーブルカーで南山山頂まで行くことができます（16頁）（⑧）。その途中には「南山とんかつ通り」もあります。さらに進むと、「南山下山コース」（18〜19頁）に行くこともできますよ。　　　（藤田）

ソウル駅とソウル路7017

アクセス 1・4号線　ソウル駅

　南大門市場を南に進むと、赤レンガの建物が見えてきます。この建物が旧ソウル駅。レンガづくりの壁とドーム型の屋根から、「東京駅に似ているな〜」と思う人も多いのでは。それもそのはず、旧ソウル駅を設計したのは、東京駅を設計した辰野金吾の弟子だったからです。旧ソウル駅舎は1925年に完成し、解放後はソウル駅として2004年まで使用され、2011年には「文化駅ソウル284」という展示スペースに生まれ変わりました。

旧ソウル駅

　旧ソウル駅の敷地は日本による侵略政策のなかで確保されたものでした。20世紀に入った頃から日本は旧ソウル駅の敷地の確保を進めましたが、ここに住んでいた朝鮮人の大きな反対を受けました。1904年に朝鮮植民地化を目的とした日露戦争が開始されると、日本は軍事力を背景に強権的に必要な敷地を収用しました。

　旧ソウル駅の正面を歩いていると、すぐ近くに大きな銅像があることに気づきます。銅像のモデルとなったのは、姜宇奎（カンウギュ）。祖国の独立を強く願った姜宇奎は、1919年に現在のソウル駅（当時は南大門駅）前で、3・1独立運動（72 〜 73頁）後に朝鮮総督として新たにソウルに赴任した斎藤 実（まこと）を標的として、爆弾を投げました（斎藤は無事でした）。処刑される直前まで、日本の植民地支配の不当性を訴えたといわれており、その姿勢が韓国国内では高く評価されている独立運動家です。

　さらにまわりを見渡すと、駅の近くを大きな遊歩道が通っていることに気がつくでしょう。この遊歩道は、もともとソウル駅の東西を結ぶ高架道路でした。一度は老朽化による撤去が決定しましたが、地域活性化を目指して高架道路を活用する「ソウル路7017」プロジェクトが開始。2017年に高架歩道橋として生まれ変わりました。ちなみに名前の「7017」には、「1970年に建設された高架道路が2017年に生まれ変わった」「1970年代の自動車専用高架道路から17の歩道としてリニューアルされた、高さ17mの高架道路」という意味が込められているそうです。夜になると周辺がきれいにライトアップされるので、ぜひ日没後に行ってみてください！

(滝波)

姜宇奎（カンウギュ）

ソウル路7017

まるで迷路!?
ソウルの台所・南大門市場

アクセス 4号線　会賢駅（フェヒョン）

　迷路のように入り組んだ道の両側には多くの店が軒を連ね、食品から服まで日用品はなんでもそろい、ローカル感あふれる食堂や屋台ではおいしい食べ物も楽しめる南大門市場。実は長い歴史を持つ韓国で最初の都市常設市場であり、朝鮮人が自らつくりあげてきた市場なのです。

　南大門市場の歴史は約600年前、朝鮮王朝時代にさかのぼります。15世紀半ば、政府によって南大門の内側に常平倉（サンピョンチャン）という穀物を保管する公的な倉庫が設置されると、周辺で米の取引が行われるようになりました。17世紀初頭、それまで農民が各地の特産物を現物で納めていた貢納制度を改め、米や布、銭で代納できるようにした大同法が制定されました。それにともない常平倉が廃止され、米や布を収納・管理する宣恵庁（ソンヘチョン）が設置されました。役人や税を納めにきた人びとが南大門周辺に集まるようになると、都城周辺の農民らは農産物などの生活必需品を持ち寄りはじめ、周辺での取引は活発になりました。さらに18世紀以降には漢城（ハンソン）の発展が本格化し、住民が増加し食糧や日用品の需要が急増すると、南大門周辺で毎日朝市が開かれるようになりました。そして19世紀末には、それまで人びとが開いてきた朝市は朝鮮政府により正式に市場としてつくりかえられたのです。区域が明確化され、使用料を徴収する制度が整備されるなど、それまでの朝市とは異なる、今日の都市常設市場の原型といえる市場に発展したのです。　　　（根岸）

南大門市場

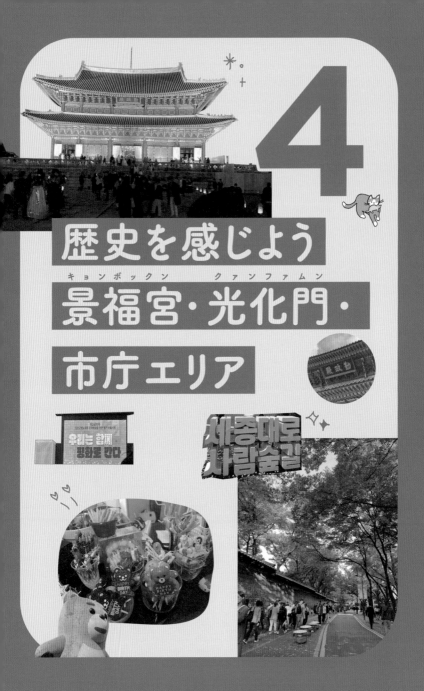

4

歴史を感じよう

景福宮・光化門・市庁エリア

キョンボックン　　　　　　クァンファムン

韓ドラの世界にタイムスリップ!?

景福宮
キョンボックン

景福宮はソウルにある五つの王宮のうち、最も古い歴史をもつ王宮。カラフルな伝統衣装をレンタルして王宮を背景に写真を撮る、いわゆる「インスタ映え」スポットとしても近年はポピュラーですよね！　（滝波）

アクセス

・3号線
　景福宮駅

① 光化門 クァンファムン

景福宮を訪れると、まず目に入るのが巨大な光化門。ビルが立ち並ぶ大都会から突如として姿を表す光化門は、なかなかの迫力！　時間帯が合えば、門の開閉や巡回をする「守門軍」が交代する様子を再現した「王宮守門将交代儀式」を観覧することもできます。守門軍の服装や装飾品までも忠実に再現されており、その様子はまるで時代劇ドラマのワンシーンのようです！

② 興礼門 フンレムン

光化門をくぐったら見えてくるのが興礼門です。1916年に朝鮮総督府庁舎の建設のために撤去されましたが、2001年に再建されました。門の屋根の部分を見ると、緻密でカラフルな模様がみっちり描かれています。くぐる際には、ぜひ上を眺めながら歩いてみてください！

③ 勤政門 クンジョンムン

勤政門は、正殿にある門のうち、最も内側にある門です。ここを通ると、正殿が見えてきます。

④ 勤政殿 クンジョンジョン

光化門を通り、その後興礼門と勤政門を通り抜けると、景福宮の正殿・勤政殿が見えてきます。王宮として使用されていた当時は、ここで国家的な行事が行われました。王様と重役たちが会議をしている場所として、時代劇でもよく登場するので、見覚えがある人も多いのでは。ちなみに玉座の後ろにある屏風に描かれている「日月五峰図」は1万ウォン札の絵柄として採用されています。

> 勤政殿の階段には縁起の良い石獣がいますよ

⑦ 乾清宮
⑧ 国立民俗博物館
⑤ 慶会楼
迎秋門 ⑥
④ 勤政殿
③ 勤政門
② 興礼門
安国駅（66頁）
国立古宮博物館 ⑨
① 光化門
⑪ 平和路（52頁）
景福宮駅
⑩ 光化門広場（50頁）

⑤ 慶会楼

奥に進むと、主に宴の会場として使用されていた慶会楼が見えてきます。池に慶会楼が反射している様子は絵画のように美しく、まさに映えスポット！普段は内部を見学できませんが、例年4〜10月にかけて予約すれば見学することができますよ。

> 昼間もきれいだけど、夜間にライトアップされている姿も幻想的！

景福宮の敷地内の博物館もおすすめ！

歴史をもっと知りたい人には、朝鮮王朝時代の王室文化が展示されている国立古宮博物館（⑨）や、先史時代から現代までの人びとの生活や文化の歴史が学べる国立民俗博物館（⑧）など、景福宮の敷地内にある博物館を訪れるのもおすすめです！

⑥ 迎秋門

迎秋門は景福宮の西側に位置しており、朝鮮王朝時代には官吏が出入りする門として使用されていました。長い間閉鎖されていましたが、2018年には43年ぶりに開放されました。さらに2040年までに、建設当時の姿に復元することを目指しているそうです。

⑦ 乾清宮

さらに奥に進むと、朝鮮王朝26代国王の高宗と明成皇后（閔妃）の住居だった乾清宮があります。ここは1895年に朝鮮駐在特命全権公使三浦梧楼の計画により、政治的に対立していた明成皇后を日本の勢力が殺害（乙未事変）した場所でもあります。日本の勢力は遺体を乾清宮のすぐ東側の丘（鹿山）で焼却しました。この事件はアメリカ人らに目撃され国際問題化します。日本は三浦らを召還しましたが、全員を無罪としました。

景福宮が体験してきた苦難の歴史

乾清宮に限らず、景福宮は全体としてさまざまな苦難の歴史に見舞われた場所です。1592年に起きた豊臣秀吉の朝鮮侵略（20〜21頁）で、建物の大部分が消失し、その後は昌徳宮が使われ、景福宮は放置されていましたが、1860年代に修復工事が行われます。修復し終わったのも束の間、1894年には日清戦争の開戦に先立って日本軍が王宮を占領。朝鮮の政権を転覆し、日本にとって都合のいい政権を樹立しました。このとき、日本軍が王宮に侵入した場所が迎秋門です（⑥）。

さらに、日本が朝鮮を植民地化したのち、景福宮内のさまざまな建物が撤去されていきます。1915年には朝鮮支配を正当化するための朝鮮物産共進会が景福宮内で開催され、王室の権威は無化されました。そのうえ、旧朝鮮総督府庁舎が興礼門附近に勤政殿を覆い隠す形で建てられ、正門である光化門は景福宮の東側に移転させられました（現在の光化門は朝鮮戦争で消失したのを、2010年に復元したもの）。その後1996年に旧朝鮮総督府庁舎の撤去が完了し、景福宮が再建されたわけです。ここまでの歴史をふまえると、景福宮はただの観光地ではなく、侵略の歴史を象徴する場所でもあることがよくわかりますね。

過去と現代とをつなぐ
光化門広場
クァンファムン

景福宮（キョンボックン）の前に広がる光化門広場。両サイドは現代の建物に囲まれていますが、広場を注意深く見ていくと、さまざまな歴史が刻み込まれた場所であることがわかります！ ぜひゆっくりと散歩して、歴史を感じてみてくださいね。

（滝波）

アクセス

・5号線　光化門駅
9番出口直結

歴史を伝える光化門広場

　景福宮を出ると、目の前に広い公園があります。ここが光化門広場です（48頁マップ⑩）。なかでも目を引くのが、二つの巨大な銅像。景福宮に近いほうに建っているのがハングルをつくった世宗大王（セジョン）、遠いほうにあるのが豊臣秀吉の朝鮮侵略（20頁）時に水軍を率いた李舜臣（イスンシン）です。そのほか、さまざまな形の噴水や庭園があり、市民のくつろぎスペースとして

使われています。なかを歩くことができる噴水もあるため、気温が高い夏の日にはもってこいのスポットです！

李舜臣像

世宗大王像

再び姿を見せた
朝鮮王朝の遺構

　光化門広場は、朝鮮王朝時代には国家権力機関が立ち並ぶ場所でした。2010年代以降、発掘調査が盛んに行われ、議政府（ウィジョンブ）（朝鮮王朝の最高行政機関）や六曹（ユクジョ）（政務を担当した6機関の総称）、司憲府（サホンブ）（官員の監察を担当した機関）、月台（ウォルデ）（光化門の前のスロープのようなもの）などの遺構が次々と明らかになりました。
　議政府と月台は1920年代に日本によって毀損（き）され、その遺構は地中に埋められてしまって

いましたが、前者は遺構を中心に歴史広場として造成される予定で、後者は2023年10月に復元されました。また、保存状態のよかった司憲府の遺構は光化門広場の西側に展示されています。

月台

広場の道をよく見てみると、広場に沿って年表が刻まれたタイルがあることに気がつくでしょう。この場所は「歴史水路」と呼ばれており、朝鮮王朝が建国されてから現在にいたるまでの歴史を示す630個の石板が並んでいます。光化門はさまざまな形で歴史を伝えてくれる、まさに歴史と日常が融合した場所としての性格ももっているのです。

「民主主義」を象徴する光化門広場

　光化門広場は、近年では政治の場面でも重要な場所として登場しています。というのも、2014年に約300人の犠牲者を出したセウォル号事件の政府の責任を問う抗議運動や、2016〜17年に朴槿恵元大統領の退陣を求めた「ろうそく集会」が展開された場所でもあるのです。

　「デモが行われる場所」と聞くと、少し身がまえたり、危険かもと思う人がいるかもしれませ

ん。しかし実際には市民が民主的な形で声をあげているだけで、暴力的な行為は行われていません。デモという言葉から「危険だ」と決めつけるのではなく、市民がどのような思いをもって声をあげているのかを知ることで、光化門広場がもつ「民意を政治に届ける場」という側面をより理解することができるのではないでしょうか。

光化門広場（セウォル号問題を訴える市民のブースが置かれている、2016年）

ろうそく集会（2016年11月12日）
（出典：大韓民国歴史博物館近現代史アーカイブ）

高宗御極40年称慶記念碑

　朝鮮第26代国王高宗の即位40年を祝うために1903年に建てられました。記念碑の南側の門は、植民地期に日本人が自宅の門として使用するために持ち去ってしまったのですが、解放後にこの位置に取り戻されました。

東亜日報社屋

　光化門広場の南東には1926年に建てられた旧社屋の建物が残されています。『東亜日報』は、植民地期に創刊された数少ない朝鮮人による新聞です（71、74頁）。

　光化門広場の東側には大韓民国歴史博物館が、広場から徒歩5分のところには近世から現代までのソウルの歴史を学べるソウル歴史博物館（56頁マップ⑮）があります。

光化門から徒歩３分！
高層ビルに囲まれる記憶の場・平和路

光化門（クァンファムン）から歩いて３分のところに、在韓日本大使館（現在工事中）があります。
ここは、長い間水曜デモが開催されている場所でもあります（平和路（ピョンファロ）、48頁マップ⑪）。
水曜デモは日本軍「慰安婦」問題（135 〜 136頁）の解決を求めて、
被害者とその支援者によって1992年より毎週水曜に行われてきました。

デモの光景

　「デモ」という言葉を聞いて警戒心を強めたり、「ソウルの日本大使館前でデモをやっているから、水曜に行くのは危険！」とほかの人からいわれたりした人も少なくないのでは。しかしデモの風景を見てみると、色とりどりのプラカードを掲げた活動家たちが並び、感想や思いを共有したり、時にはダンスを踊ったりと、とても平和的な集会であることがわかります。

「平和の少女像」に
込められた思い

　水曜デモが行われている場所に近づいてみると、チマチョゴリを着た少女

平和の少女像

の像が見えてきます。「平和の少女像」（正式名称は「平和の碑」）といわれているこの像は、「慰安婦」にされ苦痛を味わいながらも闘ってきたハルモニ（おばあさん）たちを称え、その歴史を記憶にとどめたい、という思いのもと2011年12月に水曜デモの1000回目を記念して作家のキム・ソギョンさん、キム・ウンソンさんに

よって制作されました。日本軍「慰安婦」被害者の年齢はさまざまですが、朝鮮人の場合は植民地への差別政策の結果として未成年の少女が多かったため、それを象徴する意味で少女の形で表現されています。亡くなった少女たちと現在も残っているハルモニたちをつなぐ霊媒（れいばい）として肩に乗っている小鳥、制作段階で日本政府の「平和の少女像」に反対する動きを知ったことで

ドラマ『明日』にも「平和の少女像」が登場した（ロケ地は平和路ではない）

強く握りしめる形に変えられた拳、自分の場所に立とうとしても立てないハルモニたちの不安を表現している傷つき宙に浮いたはだしのかかと、家族や故郷と無理やり断絶されたことを表現する不ぞろいに切られた髪、亡くなったハルモニの席であり誰にでも開かれた席でもある少女の隣の空いた椅子、恨（ハン）が長い間積もってハルモニになった影……これらの細部一つひとつには、ハルモニたちの心の痛みや未来世代へのメッセージが込められています。

現在は警察によって「少女像」のまわりが囲われている場合がありますが、一言伝えれば近くで見学できます！　また、ソウル市内にはほかにも「平和の少女像」がありますし（138頁）、全国各地に「平和の少女像」があります。これらは市民の募金でつくられており、少しずつ異なっているので、ぜひチェックしてみてください。　　　　（滝波）

ソウルの夜を
ロマンチックに染める
清渓川
(チョンゲチョン)

アクセス 始点である清渓広場　5号線　光化門駅5番出口（クァンファムン）　56頁マップ⑭

　デートスポットとして知られ、韓国ドラマにも頻繁に登場する清渓川にはちょっと意外な歴史があります。

　ソウルが風水上の理由から都に選定された際（20頁）、この川の存在が重要でした。そして朝鮮王朝時代には川の水は生活に欠かせないものでした。しかし植民地期に日本人が集住していた清渓川南側の支流のみが整備された一方、きれいな水が流れていた清渓川は下水道に転用され汚染されました。植民地末期には軍需物資の輸送目的で清渓川の一部を覆い、道路工事が行われます。

　朝鮮戦争後は、避難民が定住し、川の周辺は貧しい人びとが暮らす地域となりました。かれらは川沿いに店を出し、衣類や食べ物などを販売していたため、清渓川一帯は露店が立ち並ぶエリアとなりました。さらに植民地期に始まった工事が本格化し、清渓川は暗渠化されその上には高架道路が建設されました。

　しかし、2003年には環境改善や文化財の復元などを理由に道路の撤去と清渓川の復元工事が決定。生計維持のために多くの露天商が抗議しますが、警察などに鎮圧され工事が強行されました。抗議運動は韓国ドラマ『ムービング』でも一部描かれました。こうして清渓川は復元され、現在の姿になったのです。下流には清渓川の覆蓋過程や復元前後の姿が学べる清渓川博物館（アクセス：2号線龍頭駅（ヨンドゥ））があります。

　ドラマではライトアップされた夜の清渓川がよく登場しますが、朝の清渓川もおすすめです！（滝波）

清渓川

カルチャー好きには たまらない！ 乙支路 <ウルチロ>

アクセス　2・3号線　乙支路3街駅、2・5号線　乙支路4街駅

　清渓川に沿って西側に進むと、乙支路エリアがあります（明洞<ミョンドン>と東大門<トンデムン>の間あたり）。今までは昔ながらのお店が並んでいることから、若者があまり近寄らない場所でした。しかし最近は隠れ家的なカフェやおしゃれなバー、飲み屋が並ぶ横丁が増えたことでホットスポットに！

　さらにBTSの公式YouTubeチャンネル「BANGTANTV」で紹介されていたお店や、ドラマ『ヴィンチェンツォ』に登場する「クムガプラザ」のロケ地もあることから、カルチャー好きにもたまらない場所なのです。ただし再開発工事が進んでいて、閉店や移転するケースも少なくないので、訪れる前に必ずお店の情報をチェックしましょう。

　乙支路3街は、鍾路<チョンノ>3街駅周辺から始まった6・10万歳独立運動（1926年）が大いに盛り上がった場所の一つだったそう！3・1独立運動は聞いたことがあっても、6・10運動は初耳という人が多いのではないでしょうか。

（滝波）

こんにゃくゼリーソーダがかわいいと
話題のカフェ「George Seoul」

ドラマ『ヴィンチェンツォ』に
登場する「クムガプラザ」のロケ地
（世運商街）

ドラマスポットでも有名！ レトロモダンな
徳寿宮（トクスグン）エリア

ソウル市庁近くのビルのなかに位置する徳寿宮。お昼休みには近くに勤めているらしき会社員の姿も多く見られます。徳寿宮といえば、王宮周りのトルダムギル（石垣道）が有名！　　　　　（滝波）

アクセス
・1号線・2号線
市庁（シチョン）駅

❶ トルダムギル（石垣道）

『トッケビ』や『ウ・ヨンウ弁護士は天才肌』、『ブラームスは好きですか?』など、数々の韓国ドラマに登場するため、どこか見覚えがある人も多いのでは。冬になると、並木道の木々に一つひとつ異なるニットが巻かれています。歩いているだけでテンションが上がってしまいますね。「恋人と一緒に歩くと別れてしまう」なんてジンクスもありますが……まわりを見渡せばカップルだらけなのできっとだいじょうぶでしょう！

歩くだけで映える

❷ 徳寿宮

徳寿宮は、朝鮮近代史において重要な意味をもっています。日本によって明成皇后が暗殺（49頁）された翌年の1896年、身の危険を感じた高宗は景福宮からロシア公使館（③）へと逃れました（このとき避難に使われた道であるとして「高宗の道」（④）が2018年に整備されました）。1897年に高宗は、景福宮ではなく、自らの安全を考慮して、各国公使館に近い徳寿宮（当時の名称は慶雲宮（キョンウングン））に移ります。そして、国号を大韓帝国に変え、高宗が皇帝に即位しました。皇帝となることで中国の皇帝と同格であることを示し、自主独立政策を進めるとともに、君主権の強化を図ったのです。徳寿宮のなかに入ると、朝鮮の伝統的な建築様式だけではなく、西洋式の建物もあることに気がつきます。19世紀末から20世紀初頭にかけての政治の中心地だったためです。なお、2023年には敷地内に近代外交の舞台であった惇徳殿が再建されました（24頁）。

ソウル歴史博物館（51頁）　⑮

光化門広場（50頁）●

京橋荘　⑬

旧ロシア公使館

⑫

③　高宗の道

高校生が一緒に建てる平和碑　⑥　重明殿

梨花女子高等学校　⑪

徳寿宮　❷

⑭　清渓川の始点である清渓広場（54頁）

ソウル図書館（旧京城府庁舎）

⑦　●ソウル市庁

ソウル広場

トルダムギル（石垣道）　❶

市庁（シチョン）駅

⑤　圜丘壇（ウォングダン）　円丘壇

抗日女性独立運動家像　⑩

⑧　ソウル市立美術館

培材学堂歴史博物館　⑨

西大門駅

徳寿宮内の石造殿。現在は大韓帝国歴史館となっていて、大韓帝国期の皇室の様子が展示されている。

ライトアップされている徳寿宮の正門・大漢門（テハンムン）。わたしたちが訪れたときにはプロジェクション・マッピングが行われていました。大漢門だけではなくトルダムギル（石垣道）も含めて、夜はあたり一帯がライトアップされていて、なんともロマンチック!

⑤ 圜丘壇／円丘壇（ファングダン／ウォングダン）

　ソウル市庁前の広場の西側には、三重になっている屋根とカラフルな装飾が目を引く圜丘壇があります。圜丘壇は、②の項で見たように高宗が皇帝に即位する儀式が行われた場所です。

　朝鮮にとって重要だったこの場所も、植民地支配の影響を大きく受けました。急増する訪問客に対応するために朝鮮総督府鉄道ホテルの建設を進めた総督府は、八角堂のみを残して圜丘壇を撤去することを決定。多くの建物はこのときに取り壊されたため、現在も残る「皇穹宇（ファングンウ）」や「石鼓（ソッコ）」、「石彫大門（ソクチョデムン）」は当時の姿をとどめている貴重な建造物なのです。

⑥ 重明殿（ジュンミョンジョン）

　徳寿宮の見どころは敷地内だけではなく、現在は敷地外となっている場所にもあります。その一つが重明殿。ここは1905年に「第二次日韓協約」（乙巳条約）が日本の強制によって「締結」された場所です。この「協約」は大韓帝国の外交権を奪い、日本の実質的な植民地に転落させるものでした。2010年に復元された重明殿のなかには、「第二次日韓協約」「締結」の様子を再現した展示があります。足を運ぶには勇気がいる場所かもしれませんが、一度は行ってみてほしいです。

朝鮮の未来を大きく変えた「条約」の舞台となった

⑦ ソウル図書館（旧京城府庁舎）

　2012年にオープンしたソウル図書館は、京城府庁舎として1926年に建てられ、解放後はソウル市庁舎として長い間使われた建物を改修してつくられました。年季の入った外壁や建物のなかにある中央階段、ホールなどは、建てられた当時のまま残されています。図書館には20万冊以上におよぶ蔵書だけではなく、いくつかの資料室も入っています。

徳寿宮（トクスグン）の裏のエリアには、近代教育や女性史の注目スポットなどが。散歩しながらめぐってみてください。　　　（朝倉）

⑧ ソウル市立美術館

　現在ソウル市立美術館として使われているこの建物は、もともと京城裁判所として1928年に建てられました。解放後も1995年に移転するまで大法院（最高裁判所）として使われていました。その後、前面部分だけが残され、それ以外の部分は建て直されました。横から建物を見るとそれがわかります。また建物の定礎には朝鮮総督斎藤実の名前が確認できます。

⑨ 培材学堂歴史博物館（ペジェハクダン）

　培材学堂は1885年にアメリカのメソジスト教会宣教師のアッペンツェラーが設立した学校で、現在歴史博物館として使われている建物は1916～84年まで東校舎でした。朝鮮初の西洋式大学機関として出発しましたが、1925年には朝鮮総督府により培材学堂という校名が廃止され、37年に培材中学校に改称。培材学堂は李承晩（イスンマン）（韓国初代大統領）の出身校としても知られており、多くの学生が設立者の自由・民衆・民族主義の教育精神を受けとめて独立運動などに参加しました。

⑪ 梨花女子高等学校（イファ）

　1886年にアメリカのメソジスト教会海外女性宣教会のメアリー・スクラントン宣教師が設立し、97年梨花学堂と名づけられた朝鮮女子教育の原点です。高等教育機関として梨花女子大学（131頁）があります。

私立学校はどんな役割を果たしたの？

梨花学堂などの私立学校は独立運動家の育成にも大きな役割を果たし、民族運動や女性運動の拠点となりました。日本が設置した学校では同化教育が実施されたうえに、女子教育では裁縫や手芸、家事などに多くの時間を使う「良妻賢母」主義を基礎にした教育が行われました。一方、私立学校では英語や聖書、朝鮮語や朝鮮歴史・地理など多様な授業が行われ、民族精神の育成などに大きな力を発揮しました。

柳寛順（ユグァンスン）ってどんな人？

梨花学堂出身者の一人に柳寛順がいます。柳寛順は1902年忠清南道天安（チュンチョンナンドチョナン）に生まれ、1918年に梨花学堂普通科に編入しました。1919年3月1日に3・1独立運動（72～73頁）が始まると柳寛順も参加しました。弾圧の一環で梨花学堂が休校措置を受けると、柳寛順は故郷の天安に帰り、4月1日に運動を行おうと準備。4月1日、並川市場（ビョンチョン）に数千人の民衆が集まったところ、憲兵隊が発砲し、死者が出ましたが、そこには柳寛順の父親も含まれていました。柳寛順もこのときに逮捕され、西大門刑務所（ソデムン）（61頁）に収監されました。その後、有罪判決を受けましたが柳寛順は刑務所内でも「独立万歳」を叫び、拷問によって17歳という若さで獄死しました。梨花女子高等学校内には柳寛順記念館と柳寛順の銅像があります。

⑩ 抗日女性独立運動家像

2・8独立宣言（1919年の3・1独立運動に先立ち、同年2月8日に在日朝鮮人留学生が発した宣言）100周年を記念して2019年2月8日に建てられました。この作品は「平和の少女像」（52〜53頁）を制作した作家であるキム・ソギョンさん、キム・ウンソンさんがつくったもので、女子学生二人が独立宣言書を謄写する様子を象徴として表現しています。

この像の横には女性義兵将（指導者）の尹熙順が書いた義兵歌が刻まれています。尹熙順は30人あまりの義兵を組織して活動した最初の女性義兵将です。義兵たちの抗日運動を描いたドラマ『ミスター・サンシャイン』の主人公であるコ・エシン（演：キム・テリ）のモデルになった人物だといいます。

像の後ろの壁には「大韓独立女子宣言書」（1919年4月、中国・延辺にて発表）が刻まれています。また抗日女性独立運動家たちの名前の一覧がありますが、その最後には「そして名前のわからない抗日独立運動女性たち」と書かれています。名前も顔も現在にいたるまで判明していない数多くの女性たちが運動に参加したことを示唆しています。

⑫ 高校生が一緒に建てる平和碑

ここにある「平和の少女像」は、日本大使館前に建てられた最初の「平和の少女像」（52〜53頁）とは見た目が大きく異なります。特徴的なのは少女が立っていることと少女の手にとまっている蝶々、そして椅子にとまる小鳥です。この「少女像」は2015年11月3日、学生の日に53の高校、学生約1万6400名の力でつくられたもの。少女の片手には平和の意志を込めて飛びたっていく蝶々がおり、もう片方の手は友だちに向かって差し出されているそうです。「少女像」の後ろには小さな少女像を建てた239の学校が書かれているほか、

日本軍「慰安婦」被害者の追悼碑である259個の小さな銅板があります。そして上には「真実のためにここに立った女性、259名の日本軍「慰安婦」ハルモニの勇気ある意志を継いで、大韓民国学生たちが正義ある歴史を建てていきます」との文字があり、歴史を記憶していこうとする意思が感じられます。

⑬ 京橋荘

大韓民国臨時政府（155頁）主席、金九（103〜104頁）が解放後に帰国してから約3年半住んだ私邸であり、臨時政府の庁舎としても使われた建物。金九はこの建物の2階の一室で1949年に安斗熙の狙撃を受けて亡くなりました。

景福宮駅から1駅！
韓国の「凱旋門」

キョンボックン

パリの凱旋門をモデルにした独立門。
ドラマ『ミスター・サンシャイン』にも登場したこの門があるエリアは、
実は朝鮮近代史を象徴する現場です。

がいせんもん　　　　　　　　　　　　トンニンムン

アクセス　3号線　独立門駅

独立公園を歩いてみよう

　独立門駅を降りると目に入るのが独立門。独立門の場所にはかつて「迎恩門」がありました。1895年まで、朝鮮は清（中国）に臣属していたのですが（宗属関係。ただし、朝鮮では独自の国家運営がなされていた）、迎恩門は清からの使節を迎える場所でした。この清との従属的な関係を象徴していた迎恩門を壊して、1897年に建てられたのが独立門です。独立門の建設を推進したのは、1896年に開化派官僚を中心に結成され、自主独立と内政改革を目指す運動を展開した「独立協会」です。

ヨンウンムン

　独立門を抜けると独立協会で活動した徐載弼の銅像があります。徐載弼は

ソジェピル

独立門

1896年、純ハングルで発行され、独立協会の機関誌としての役割も果たした『独立新聞』の創刊を主導しました。

西大門刑務所歴史館
ソ デ ム ン

奥には西大門刑務所歴史館があります。ここは1908年に日本が「京城監獄」として開所し、1987年に閉鎖されるまで刑務所として使用されました。植民地期には多くの独立運動家が収監され、拷問を受け亡くなりました。解放後には「ソウル刑務所」となり民主化運動に関わった人びとが収監されました。1998年に歴史館となり、独立運動やその弾圧の様子などを学ぶことができます（さらに奥に進むと国立大韓民国臨時政府記念館もある。大韓民国臨時政府については155頁）。

太極旗を掲げる柳寛順
ユグァンスン

西大門刑務所に収監されていた女性独立運動家の一人が柳寛順です。柳寛順は、3・1独立運動に参加して西大門刑務所に収監され、拷問により亡くなりました（58頁）。独立門から西大門刑務所に向かう途中にその柳寛順の銅像が立っていますが、この銅像は2021年12月に3・1独立運動100周年と柳寛順逝去から101周年を記念して建てられたもの。その姿は忠清南道天安で万歳運動を主導した際の姿を再現したものです。
チュンチョンナンドチョナン

日本の植民地支配の象徴ともいえる西大門刑務所。この場所に多くの朝鮮人が収容され、亡くなりました。　　　　　　　　　　　　　　　　　　　　　　　　　　　（朝倉）

韓国旅行のモヤモヤ

藤田千咲子

　みなさんのなかで韓国旅行をしたことのある人は、実際に韓国に行ってみてどのような感想をもったでしょうか。もしかしたら、韓国に来るまでは感じていなかった新たなモヤモヤを感じてしまったという人もいるかもしれません。

旅行中に「モヤモヤ」？

　植民地期に多くの独立運動家を収監した「西大門刑務所」。残虐な拷問を再現した展示のある「西大門刑務所歴史館」に家族連れや社会科見学で来ている子どもたちを見て、「やっぱり韓国では「反日」教育が行われているのかな」と感じてしまったり、もしくは、街中に「平和の少女像」や独立運動家の記念碑があるのを見て、「いくらなんでもちょっとしつこすぎるのでは」と思ってしまったり……。さらには、OLIVE YOUNGで「1025 独島」と書かれた化粧品のブランドを見つけて驚いてしまった人もいるでしょう。このように、自分なりに勉強しているつもりでも、いざ韓国に来てみるとモヤモヤしてしまったという人は少なくないのではないでしょうか。

なぜ「反日」だと感じてしまうの？

　もしあなたがモヤモヤを感じてしまったのなら、なぜ「反日」という発想が出てきたのか、「反日」と思った自分自身ともう一度向き合ってほしいと思います。「反日」という発想は、日本が過去に植民地支配を行ったという加害の歴史から目をそらしていることの表れといえるのではないでしょうか。

　話を「西大門刑務所歴史館」と「平和の少女像」に戻します。この二つは、どちらも植民地支配による人権侵害を記憶し、被害者に連帯し、人権が尊重される社会を実現するという目的をもっています。植民地支配に反対する人びとへの拷問による人権侵害も、日本軍「慰安婦」制度による人権侵害も、そして、植民地支配そのものによる人権侵害も、実際に起こった出来事です。これから人権を尊重する社会をつくろうという立場に立ったとき、そうした過去の人権侵害の歴史を記憶し、のちの世代に伝えていこうとするのは、当然のことでしょう。そのなかで日本による帝国主義を批判することはもちろんあるでしょうが、それは決して日本を攻撃するためではなく、理由なく日本を嫌う「嫌日」でもありません。

歴史は「自分とは関係のないこと」？

　「もう何十年も前の出来事で自分には関係ないのに」「しつこすぎる」と思う人もいるかもしれません。しかし、今の日本社会に生きているわたしたちと、過去の日本による加害は無関係ではありません。テッサ・モーリス＝スズキさんの提唱する「連累（れんるい）」という概念のように、わたしたちは過去に侵略と植民地支配という過ちを生んだ社会に生きており、その歴史が風化される過程に関わっている以上、加害の歴史と無関係でいることはできないということです。無関係ではないからこそ、わたしたちには歴史を風化させず、過去の不正義を生んだ「差別と排除の構造」を壊していく責任があるのです。

「モヤモヤ」しなかったけど……？

　また、モヤモヤを感じなかったという人のなかには、韓国の人が優しくしてくれたり、日本語を話してくれたりして「なんだ、反日じゃないじゃん」と思った人もいるでしょう。しかし、そもそも韓国の人びとが植民地支配を批判し日本政府の責任を追及することと、日本人にあたたかく対応してくれることはまったく矛盾しない

ことです。そして、「反日」かそうでないかという基準で韓国の人たちをジャッジする姿勢は、韓国を「反日」だと決めつけることと本質的に変わりがありません。一般的に「反日」といわれるような状況がなぜ起こっているのか、その背景にある加害の歴史を認識できていたら、韓国の人たちを「自分たちのことを好きか、嫌いか」で判断しようとする発想は出てこないだろうと思います。もう一度、韓国の人びとがなにを問題として、なんのために「西大門刑務所歴史館」や「平和の少女像」をつくったのか考えてみることが大切です（独島問題については一橋大学社会学部加藤圭木ゼミナール編『「日韓」のモヤモヤと大学生のわたし』大月書店、2021年の「コラム　なぜ竹島は韓国のものだって言うの？」を参照）。

「モヤモヤ」のその先へ　わたしたちができること

　もしみなさんが韓国旅行を通してなにかモヤモヤを感じてしまったとしたら、そのモヤモヤがどんなものであれ、そのとき感じたことをメモなどに記録してみてください。そして、そのモヤモヤから目をそらさず、植民地支配の加害の歴史と自分自身の関係について、絶えず考え続けていくことが大切なのだと思います。わたしたちも、みなさんと一緒に学び続け、考え続けていきたいです。「なにから始めればいいかわからない」という人には、『「日韓」のモヤモヤと大学生のわたし』を読んでみることをおすすめします。

『「日韓」のモヤモヤと大学生のわたし』と
続編『ひろがる「日韓」のモヤモヤとわたしたち』

5

レトロかわいい
仁寺洞・益善洞
ｲﾝｻﾄﾞﾝ　ｲｸｿﾝﾄﾞﾝ
エリア

伝統的な雰囲気を味わう

仁寺洞・益善洞エリア
（インサドン　イクソンドン）

朝鮮王朝時代には芸術官庁だった図画署が位置し、官僚などの住宅地だった仁寺洞はその後骨董品や美術品を扱うお店が集まり現在も伝統的な韓屋が残りギャラリーや骨董品店などが多く立ち並びます。家族や友人などへのお土産を探しながら伝統的なお茶や雑貨などを楽しめます。益善洞は小さな路地に雑貨屋やかわいいカフェがたくさん立ち並ぶ今人気のスポット。　　（朝倉）

> ### アクセス
> ・1号線　鍾閣駅（チョンガク）
> ・3号線　安国駅（アングク）
> ・1号線・3号線・5号線
> 　鍾路3街駅（チョンノ サムガ）

❶ 安国駅（アングク）

　安国駅周辺が1919年の3・1独立運動の拠点の一つとなったことから、同運動の100周年の2019年に安国駅は独立運動をテーマとする駅に生まれ変わりました。現在駅内には独立運動家の紹介や3・1運動関連地図が展示されています。さらに「100年の柱」という独立運動家の写真によって構成されたモニュメントがあり、その横には「100年の充電場所」という休憩スペースがあり、スマホなどの充電にも利用できます。ホームに降りてみるとホームドアや柱などにも独立運動家たちの顔や言葉があります。

❷ ソウル工芸博物館

　前近代から現代までの工芸品が見られる博物館。日本の植民地期も含めた工芸品の歴史などについて知ることができます。

❸ 雲峴宮（ウンヒョングン）

　朝鮮王朝第26代国王高宗の父である興宣大院君（フンソン テウォングン）の私宅で、高宗は1863年に即位するまでここで過ごしました。高宗は12歳と若くして即位したため、10年間興宣大院君が高宗に代わって政治を行いましたが、その舞台となった場所です。雲峴宮のなかで中心的な建物である「老楽堂」（ラクナクタン）は1866年に高宗と明成皇后（ミョンソン）の結婚式が行われた場所としても知られており、毎年4月と9月にはその様子を再現した行事も行われています。

地図内の表記：
昌徳宮（88頁）
ソウルウリソリ博物館
ソウル工芸博物館 ❷ ❶安国駅 ❸ 雲峴宮
宗廟（88頁）
アンニョン仁寺洞 ❻ ❼韓屋茶家 ❺ サムジキル
❽ 楽園駅
小夏塩田 ❾ 益善洞
仁寺洞のメインストリート
鍾路3街駅
❿ タプコル公園
新幹会本部跡 ⓫
鍾閣駅　鍾路3街駅

④ ソウルウリソリ博物館

「ウリソリ」とは直訳すると「わたしたちの声」。この博物館では民謡についての展示を見ることができます。

⑥ アンニョン仁寺洞

仁寺洞の大通りに面する複合ショッピングモール。1階から4階までファッション、雑貨、レストラン、カフェなどが楽しめます。1階の広場では定期的にフリーマーケットの開催も。

⑤ サムジキル

仁寺洞を代表する複合ショッピングモール。4階までは階段を使わずに、スロープを歩いてお店を見ながら上がることができます。伝統的な工芸品やファッション、雑貨などを扱うお店などが並びます。

> 家族や友人への
> お土産探しにも！

⑦ 韓屋茶家

メインの大通りから少し外れたところに位置するお茶屋さん。伝統的な韓屋でゆず茶や五味子茶（オミジャ）、なつめ茶などの伝統的なお茶と伝統菓子が楽しめます。ショッピングやタプサに疲れたらここでゆっくりひと休みしてはいかがでしょうか。

⑧ 楽園駅

駅をコンセプトにしていて、カフェのなかに線路が！ 線路で写真を撮ればインスタ映え間違いなし。カウンターをまわるデザートは見た目はもちろん味もバッチリ。

> お庭を見ながら
> のんびり

⑨ 小夏塩田（ソ・ヘヨム・ジャン）

入口の水車と塩の結晶が目を引くおしゃれな韓屋カフェ。自家製の塩を使った塩パンが有名で、普通の塩パンだけではなくとうもろこしや明太子、見た目が黒い塩パンなどめずらしい種類のパンがたくさんあります！

⑩ タプコル公園

3・1独立運動の発祥の地として知られる公園（詳しくは72〜73頁）。

⑪ 新幹会本部跡（シンガンフェ）

1927年に民族主義者と社会主義者の統一戦線として発足した抗日独立運動団体である新幹会の本部が置かれた場所。

歴史あるグルメ街！ 鍾路
<ruby>鍾路<rt>チョンノ</rt></ruby>

<ruby>光化門<rt>クァンファムン</rt></ruby>広場の東側に広がるエリアが鍾路。
昔ながらの繁華街で多くの飲食店が集まっている地域ですが、近年は再開発が進み、
グランソウル（①）や光化門Dタワー（②）などグルメで有名なビルが立ち並んでいます。
そんな鍾路、実は歩いていると歴史スポットがあちらこちらに！
ここでは<ruby>鍾閣<rt>チョンガク</rt></ruby>駅周辺の過去をさかのぼります。

アクセス 1号線　鍾閣駅

朝鮮王朝時代も
飲食店街だった？

　鍾路は朝鮮王朝時代、商業の中心地
として栄えました。当時鍾路一帯は宮
廷や官庁から近く、通訳や医療などの
専門職従事者や下級官吏、商人などが
住んでおり、馬に乗った高官が大通り
を頻繁に行き来するエリアでした。大
通りで高官に出会うと道端にひれ伏し
ていた庶民たちは、その面倒を避けて
大通りの両側にある裏路地を利用する
ようになり、裏路地沿いに飲食店が立
ち並ぶようになりました。この道はピ
マッコル（避馬路地）と呼ばれ、現在
もその名残りがあります。

　鍾路は、朝鮮王朝時代に都城の門の
開閉時間や火災発生を鐘で知らせた場

所であった普信閣（③）を
はじめとして、近年発掘さ
れた当時の建物や道路の跡
など、朝鮮王朝時代のソウ
ルを今に伝えるスポットも
満載です。

鍾路タワーの
まわりを歩こう！

　鍾路を代表する建物と
いえば鍾路タワー（④）！
実はこの周辺には朝鮮近代
史の足跡が散りばめられて
いるのです。

　まず鍾路タワーの真向
かいにあるのが全琫準の銅像です
（⑤）。全琫準は1894年に起きた甲午
農民戦争（東学農民戦争）のリーダー
として、農民軍を指揮した人物です。
甲午農民戦争は地方役人による不正な
米のとりたてなどに抗する反封建闘争
でありながら、不平等条約を押しつ
け、朝鮮での勢力拡大をねらう日本に
対する反侵略闘争でもありました。し
かし、この機に乗じて朝鮮に侵入した
日本軍は、農民軍を大量に虐殺しまし
た。その死者数は3万〜5万人、ある
いはそれ以上といわれています。甲午
農民戦争は朝鮮人が主体的に社会の根

本的変化を求めた革命的運動でした
が、日本により挫折させられたので
す。

　全琫準は⑤の位置にあった典獄署に
捕えられ、処刑されましたが、ここに
設置されたかれの銅像がその歴史を今

に伝えています。

朝鮮人の街・鍾路

　鍾路は日本が朝鮮を侵略・植民地支配した時期にも、朝鮮人が多く居住する繁華街で、朝鮮人によるさまざまな活動が展開された地域でした。実際に大韓帝国期（1897〜1910年）に朝鮮人によって発行された『皇城新聞』や『大韓毎日申報』などの新聞は鍾路で創刊されたため、鍾路にはそれを伝える石碑が置かれています（⑤・⑥）。

　また日本の朝鮮植民地化に反対する運動も鍾路で起きました。1905年、朝鮮を実質的に植民地化する「第二次日韓協約」が強制されましたが（21

〜22頁）、大韓帝国の高官として朝鮮の自主独立のために活動した閔泳煥という人物が、これに反対して自決したのです。⑦はかれの自決地であり、下の写真のようにモニュメントが建てられています。鍾路にある曹渓寺の前には閔泳煥の自宅跡を示す石碑（⑧）があり、地下鉄2・5号線忠正路駅近くにはかれの銅像も近年設置されました（25頁）。

　そのほかにも鍾路では日露戦争期の日本による土地略奪計画や高宗退位（22頁）に反対する抵抗運動も展開されました。

　日本の植民地支配が始まると、政治・経済・文化の中心地は朝鮮人の居

住した鍾路（北村）から、日本人の集住していた清渓川（チョンゲチョン）の南側（南村）に移っていきました。水道のインフラ普及率も日本人街のほうが高く、分化された居住地の民族格差も拡大していったのです。

鍾路と朝鮮人の独立運動

　鍾路には植民地期の朝鮮人の独立運動を伝えるスポットも多くあります。1919年、日本の支配に抵抗する3・1独立運動が起こりましたが（72〜73頁）、鍾路にある普成社（ボソンサ）では独立宣言書が印刷されました（⑨）。また、宣言書に署名した宗教指導者たちは運動をリードすることはありませんでしたが、かれらが内々に宣言書を読み上げた泰和館（テファグァン）も鍾路にあり、現在は「三一独立宣言遺跡地」という石碑が設置されています（⑩）。

　3・1独立運動後、日本は植民地支配政策の方針を「武断政治」から「文化政治」に転換し、朝鮮人懐柔策の一環として『朝鮮日報』や『東亜日報』などの朝鮮語新聞の発行を解禁しました。ただし、厳しい検閲を受けました。『朝鮮日報』の創刊社屋は⑪に建てられ、1926年に建築されたレンガづくりの新社屋は現在も⑫に残っています。

　3・1独立運動後には独立運動がさらに活発化しました。⑬には1923年に義烈団の金相玉（キムサンオク）（86頁）が爆弾を投げた鍾路警察署がありました。また、左右の独立運動勢力が共同戦線を築き、1927年に創設された「新幹会（シンガンフェ）」の本部（67頁）やその姉妹団体的組織として女性解放運動を担った「槿友会（クヌフェ）」の会館も鍾路にありました。⑭の公平都市遺跡展示館（コンピョン）（上の写真）では近年発掘された朝鮮王朝期から植民地期にいたる都市遺跡が見学でき、「槿友会」の会館跡も目にすることができます。

鍾路は日本の朝鮮侵略・植民地支配に抵抗した人びとの人生が刻まれている場所なのです。　　（熊野）

ソウルで最初の公園　タプコル公園

アクセス　1号線・3号線・5号線　鍾路3街駅（チョンノサムガ）、1号線　鍾閣駅（チョンガク）

　仁寺洞（インサドン）と益善洞（イクソンドン）の中間に位置するタプコル公園。落ち着いた雰囲気のタプコル公園はお年寄りが多く集い、「お年寄りの憩いの場」とも呼ばれています。普通の公園と思って素通りしそうになりそうですが、タプコル公園は朝鮮の歴史を考えるうえでとても重要な場所です。

　タプコル公園がある場所には、高麗時代と朝鮮王朝時代にお寺がありました。16世紀初頭に廃寺となったものの、お寺を象徴する円覚寺址十層石塔は残り、今もタプコル公園内に保存されています。この一帯は「塔（タプ）」がある街として「タプコル」などと呼ばれてきました。

　大韓帝国期に入ってこの地を公園化する計画が推進され、ソウル最初の近代的都市公園が造成されることになりました。王室所有の公園として整備されたタプコル公園は、植民地化以後に一般に公開されるようになり、庭や池が造成されるなど日本式の公園へと変化していきました。植民地化により変化を強いられたタプコル公園ですが、

円覚寺址十層石塔

朝鮮人たちはこの場で植民地支配に対する抵抗を示しました。

　日本は武力で朝鮮を支配する「武断政治」を行いました。こうした強権的な支配方式に不満をもっていた朝鮮人は、1919年に全

国的・全民族的な反帝国主義運動である3・1独立運動を引き起こします。3・1独立運動の始まりが宣言された場所がタプコル公園であったのです。3月1日、学生をはじめとする多くの民衆が集まったタプコル公園では独立宣言書が朗読され、その後、人びとは街に飛び出して、ソウルのあちこちを行進しながら独立を訴えました。独立運動の勢いは全国、そして国外に広がり、数か月にわたって続きました。日本はこれらの運動を武力で弾圧し、その過程で多くの人びとが虐殺されました。

独立宣言書が朗読された八角亭

　日本は3・1独立運動以後に朝鮮人に一部の「自由」を許容する「文化政治」へと支配方式を転換しましたが、過酷な支配の実態が変わることはありませんでした。このような日本の植民地支配に対し、3・1独立運動精神を引き継いだ抵抗運動がさまざまな形で各地で展開されました。現在、タプコル公園には3・1独立運動とその精神を記憶するためのモニュメントやレリーフが設置されており、毎年3月1日には記念行事が開かれています。普通の公園と思われる場所が朝鮮人にとっていかなる意味をもっていたのか、実際に足を運んで感じてみましょう。　　　　　　　　　(李)

フォトジェニックな
北村韓屋村エリア
ブッチョン ハノンマウル

3号線安国駅の北のエリアにある定番観光地・北村韓屋村。日本でも大人気となったドラマ『トッケビ』をはじめ、多くのドラマ撮影地もあり、韓ドラファンにとっても外せないエリア！　見逃しがちな歴史スポットも多くあります。　　（熊野）

アクセス
・3号線
安国駅

① 北村韓屋村

　伝統的な韓屋の立ち並ぶ北村韓屋村は、韓服を着ながら散策するたくさんの観光客でにぎわっています。丘にあるので歩くのは少し大変ですが、写真を撮れば「インスタ映え」間違いなし！　北村韓屋村のふもとはお土産屋さんも充実しています。

いたるところに「インスタ映え」スポット！

北村韓屋村　①
チャマシヌントゥル　③
ドラマ『トッケビ』ロケ地（独立運動家の道）　④
⑤　中等教育発祥の地
②　東亜日報創刊社屋址
⑧　朝鮮語学会址
⑩　呂運亨家址
天道教中央総部址　⑦
⑨　憲法裁判所
女性独立運動家の道　⑥
ソウル工芸博物館（66頁②）●
安国駅

② 東亜日報創刊社屋址

　1920年4月に朝鮮人によって創刊された新聞社『東亜日報』の創刊社屋があった場所。1926年に社屋が光化門に移転したあとは、『中外日報』の社屋となりました。『東亜日報』をはじめとした朝鮮語新聞は当時の朝鮮人にとっての植民地支配の経験や実態を知るうえで重要な史料となっています。

74

③ チャマシヌントゥル

店名の「チャマシヌントゥル」は「茶を飲む庭」という意味。伝統茶を味わえる大人気のカフェです。韓屋を利用したお店で、大きな窓からの眺めも抜群。お茶だけではなく、韓菓など昔ながらのお菓子もおすすめ！

散策の休憩
がてらに！

④ ドラマ『トッケビ』ロケ地
　　（独立運動家の道）

日本でも大人気となったドラマ『トッケビ』で登場する路地。写真奥の電柱のあたりがドラマでは映っています。忘れてはならないのが、この路地が「独立運動家の道」と名づけられていることです。路地の脇の壁に日本の朝鮮植民地支配に抵抗した独立運動家の絵が斬新なデザインで描かれています！

⑤ 中等教育発祥の地

「東亜日報創刊社屋址」のすぐ後ろにあるのが「中等教育発祥の地」という碑。1900年に当時の大韓帝国政府が朝鮮で最初の官立中等学校である京畿高等学校を建てた場所です。日本による朝鮮植民地化以前から、朝鮮人による自主的な近代教育の試みがなされていたことがわかります。日本の朝鮮植民地支配によって朝鮮人にとっての近代教育が発展したわけではないのです。

⑥ 女性独立運動家の道

多くの観光客でにぎわう、ソウル工芸博物館から徳成女子中学・高校を通り、北村韓屋村方面に伸びる栗谷路3ギル（通り）は「女性独立運動家の道」に指定されています。この通りにある徳成女子中学・高校の前身は槿華学園という婦人夜学講習所から始まった女学校で、創設者の車美理士は教育を通じて学生たちの民族精神を養いました。槿華女学校の学生たちも独立運動に主体的に参加し、実際にこの道では独立運動が展開されたりもしました。この道もドラマ『トッケビ』に登場しますが、ドラマロケ地にも女子教育や独立運動の歴史が刻まれているのです。

お土産屋さん
がたくさん！

⑦ 天道教中央総部址

現在、徳成女子中学校がある場所にはかつて、天道教をはじめとした宗教指導者が集まり、3・1独立運動の計画を議論した天道教中央総部がありました。

⑧ 朝鮮語学会址

朝鮮語の研究と発展のために周時経（チュシギョン）とその弟子たちが結成した朝鮮語研究会を前身とする「朝鮮語学会」があった場所。日本は1930年代後半からの「皇民化」政策で、学校における朝鮮語の使用禁止と日本語常用を強制しました。そして、朝鮮語学会の活動が「皇民化」政策に逆らうものだとして、1942年に「朝鮮語学会事件」をでっちあげ、朝鮮語学者33人を検挙しました。検挙と取り調べの過程では過酷な拷問が行われ、死者も出ました。朝鮮語学会はその頃、朝鮮語の規範化と普及のため朝鮮語辞典編纂事業を進めていましたが、数十万枚の資料カードは押収され、朝鮮語辞典編纂事業は中断。朝鮮語学会も強制解散させられました。辞書の草稿はしばらく行方不明でしたが、解放後の

1945年9月8日にソウル駅前の運輸倉庫のなかで発見され、1947年に最初の『朝鮮語大辞典』が発刊されました。日本でも朝鮮語学習者が増えていますが、その朝鮮語を守るために活動した人びとの存在があって、朝鮮語は生き残ったのです。「朝鮮語学会事件」が描かれている映画『マルモイ　ことばあつめ』（2019年、オム・ユナ監督、発売元：インターフィルム）もおすすめです！

⑨ 憲法裁判所

法律や国家の行為が合憲か違憲かを審査する憲法裁判所。ここでは2011年、日本軍「慰安婦」被害者たちの訴えにより、韓国政府が日本軍「慰安婦」問題（135～136頁）を解決するための努力をしていないことは違憲だとする判決が出されました。日本政府は1965年「日韓請求権協定」（96頁）により「解決済み」との立場をとっていましたが、この協定はあくまで日本人が朝鮮に置いてきた財産に関する請求権の問題を解決するためのもので、日本軍「慰安婦」制度における人権侵害については検討もされていませんでした。そのため、問題の解決のためになにかしらすべき韓国政府の不十分な対応が問われたのです。判決に

より、韓国政府が対応に乗り出し、李明博（イミョンバク）大統領（当時）と野田佳彦（よしひこ）首相（当時）の会談にいたりました。被害者が司法を動かし、三権分立にもとづいて司法が韓国政府を動かしたのです。

⑩ 呂運亨家址（ヨウニョン）

朝鮮の独立運動家・呂運亨の家のあった場所。呂運亨は植民地末期から統一朝鮮の樹立に向けて活動を展開し、解放直後には建国準備委員会を組織して、統一朝鮮政府として構想された朝鮮人民共和国の樹立に深く関わりました。朝鮮人民共和国は朝鮮南部に進駐した米軍によって否定されましたが、朝鮮人による自主的な統一国家樹立がなされたことを忘れてはなりません。

解放直後の朝鮮人のエネルギーを想像しよう

ファッションと
グルメを楽しもう!
東大門エリア
トンデムン

6

眠らないファッションの街

東大門エリア
（トンデムン）

ファッションの卸売ビルが集まる東大門。朝まで営業しているところも少なくなく、ナイトショッピングにおすすめ。卸だけでなく一般向けのファッションビルも増えています。 （藤田）

アクセス
・1号線　東大門駅
・2・4・5号線
　東大門歴史文化公園駅

① 東大門デザインプラザ（DDP）

東大門歴史文化公園駅の目の前に位置する複合文化空間。多様な展示会やファッションショー、新製品発表会が行われる、最先端のデザインの発信地です。「アートホール」「ミュージアム」「デザインラボ」からなる曲線的で不思議な形の建物が印象的です。

② 東大門歴史文化公園

敷地内に「東大門歴史館」「東大門運動場記念館」などの博物館があります。この二つの博物館では、朝鮮王朝時代には訓錬院（フルリョンウォン）（軍事講習などを担当した）であった地に植民地政策の一環としてつくられた運動場、そしてその撤去過程で発掘された埋蔵物についての展示があり、東大門エリア一帯の朝鮮時代から現代にいたるまでの歴史を学ぶことができます。

東大門歴史館

③ hello apM

DOOTA MALL と同じく一般向けのファッションビル。服や帽子、鞄など安いアイテムが大量に並べられていて、市場のような雰囲気。掘り出し物が見つかるかも。

⑦ 昌信洞縫製村

⑥ 興仁之門公園・漢陽都城博物館

⑤ 興仁之門

東大門駅

DOOTA MALL ④

東大門歴史文化公園 ②

hello apM ③

⑧ nyu nyu

① THE MASK SHOP ⑨

東大門デザインプラザ（DDP）

東大門歴史文化公園駅

ルームウェアやアクセサリーも豊富

④ DOOTA MALL

DDPの向かいに位置する一般向けのファッションビルで、国内外問わず多くのアパレルブランドの店舗が入っています。地下2階にはフードコート、6〜13階には現代百貨店の免税店があります。

⑥ 興仁之門公園・漢陽都城博物館

興仁之門の向かいにある公園。城壁があり、ノスタルジックな雰囲気です。少し高い位置にあるので東大門一帯を見渡せます。公園の敷地内にある漢陽都城博物館では、1396年に築造されてから、約600年間ソウルを守ってきた城郭である漢陽都城の歴史を学ぶことができます。そのまま駱山を登るとカフェ通り。見晴らしも最高です。

興仁之門公園

漢陽都城博物館

⑧ nyu nyu

観光客でにぎわうアクセサリーショップ。日本語の案内もあって安心です。3階までがショップになっていて、壁一面に多種多様なアクセサリーが飾られています。帽子やカバンの品揃えも豊富でうれしい。

タックスリファンドも可能です！

⑤ 興仁之門（フンインジムン）

漢陽都城の要所に置かれた4大門のうち、東側に位置する門。東大門とも呼ばれます。1396年に建立されましたが、城壁に亀裂が入るなどの問題点が生じ、1869年に解体され再建されました。

⑦ 昌信洞縫製村（チャンシンドンほうせい）

東大門市場で売られている服の主要生産地であり、多くの縫製工場が集まっている昌信洞。昌信洞647番地通りは「昌信洞縫製通り博物館」という名の展示ゾーンになっています。建物の壁には昌信洞の歴史や縫製用語などについてのパネルが展示されています（詳しくは81頁）。

パネル　　縫製工場

⑨ THE MASK SHOP

定番の激安コスメショップ。名前はマスクショップですが、マスクだけではなくいろいろな化粧品を売っています。2階にはお菓子コーナーがあり、お土産にも◎。クレジットカードは使えないのでご注意を。

東大門の近辺（新堂洞や昌信洞など）には植民地期に大規模な貧民街・土幕村（24頁）が形成されました。日本による強制撤去が断行されるなど、人びとの生存が脅かされていました。

ソウルフードが味わえる
クァンジャンシジャン
広蔵市場

東大門エリアに位置する広蔵市場は、1905年に朝鮮人商人によってつくられた常設伝統市場。ユッケや「麻薬キンパ」、ピンデトッ（チヂミ）が有名です。市場ならではの活気も感じることができます。

アクセス
・1号線　鍾路5街駅

（藤田）

麻薬キンパ

わたしたちが最初に向かったのは、「모녀김밥（モニョキンパ）」。広蔵市場で有名なグルメが一通りそろっている人気店です。おでん、トッポギ、「麻薬キンパ」のセットメニューがおすすめ。「麻薬キンパ」は、からし風のタレにつけて食べるキンパで、やみつきになる味つけです！

チャッサルクァベギ

ご飯のあとは、「찹쌀 꽈배기（チャッサルクァベギ）」へ。わたしたちは、ねじりドーナツのような「クァベギ」を食べました。外はサクサク、なかはふわっと軽くて、びっくりするくらいおいしかったです。

ユッケ

「부촌 육회（プチョンユッケ）」は、ミシュランガイドにも掲載されている名店。ユッケとタンタンイ（タコ刺）を食べることができます。16〜17時はブレークタイムなのですが、営業が再開する前からお店の前には長い列ができていました。

お酒にもよく合う！

屋台

市場といえば欠かせないのが屋台グルメ！ 多種多様な屋台が並んでいて、座って食べられるスペースのあるところも多めです。わたしたちは「麻薬キンパ」とおでん、コプチャン（ホルモン焼き）を食べました。多くの人びとが行き交う活気にあふれた場所で食べると、おいしさもいっそうです。

フルーツジュース

のどが乾いてきたら、フルーツジュースの専門店へ行ってみては？ 注文したらすぐ目の前でつくってくれるので、新鮮そのもののジュースを味わうことができます。

縫製の街、昌信洞

アクセス 1号線・4号線　東大門駅、6号線　昌信駅

　縫製の街・昌信洞は、ファッションの街・東大門の華やかさを支えています。1960年代以降に東大門一帯でファッション産業が成長したことを背景に、近くの昌信洞一帯にまで衣類生産工場が増加しました。昌信洞縫製工場の特徴は、急な傾斜の上まで続く多様な形態の住宅のなかに位置していることです。植民地期に代表的な貧民街・土幕村（24頁）であった昌信洞は、朝鮮戦争以後には避難民たちによって建てられた掘っ立て小屋が密集するようになりました。それ以降、都市開発事業の一環として多様な形態の住宅が登場し、今の昌信洞には時代的特徴をもつ住宅が混在しています。こうした住宅に縫製工場が立地しているのです。

　昌信洞を歩いていくと石山の絶壁が見えてきます。この絶壁は採石場の痕跡で、植民地期にはここから採取された石材が朝鮮総督府庁舎（49頁）、旧ソウル駅（44頁）、京城府庁舎（57頁）などを建築する際に使われました。

　このようにソウル市内としては独特な景観をもつ昌信洞はドラマ『シークレット・ガーデン』、映画『建築学概論』などのロケ地としても有名です。東大門エリアを訪れるとしたら、隠れた名所・昌信洞に足を運んでみるのもいいでしょう。　　　　（李）

多様な形態の住宅が
混在している昌信洞

石山の絶壁

東大門周辺散策コース

東大門エリアの南西に位置する地域にはソウル新羅ホテルや
アンバサダーソウルプルマンホテルなど5つ星ホテルがあり、
宿泊する人もいるでしょう。近くには奨忠壇公園や南山コル韓屋村など
歴史を感じながらちょっとしたお散歩ができるスポットもあります。

（アクセス）3号線 東大入口駅

❶ 奨忠壇公園を
まわってみよう

　地下鉄3号線の東大入口駅6番出口
を出ると公園が広がっています。散歩
をしている人、韓屋カフェでゆったり
とした時間を満喫している人を目にす
ることができます。この公園の由来で
ある奨忠壇は、朝鮮駐在日本公使で
あった三浦梧楼の指揮のもとで朝鮮
の王妃である明成皇后が殺害された
「乙未事変」（49頁）のときに犠牲に
なった朝鮮人兵士などを祀る施設とし
て1900年に造成されました。

　当時の奨忠壇は、今の奨忠壇公園を
越えて、新羅ホテル、国立劇場を含む
非常に広大な敷地でした。しかし、
朝鮮を支配することになった日本は

奨忠壇公園内にある韓屋カフェ

植民地期の奨忠壇（ソウル歴史アーカイブより）

奨忠壇がもつ意味を抹消しようとしました。奨忠壇で行われていた祭式を中断させ、桜木を植えて公園化したのです。また、安重根（アンジュングン）に射殺された伊藤博文の菩提（ぼだい）を弔うため博文寺（はくぶんじ）を建立し、その場に慶熙宮（キョンヒグン）の正門であった興化門（フンファムン）を移転させました。

さらに上海事変（1932年の日中間局地戦争）で戦死した日本軍人の銅像を建てて、奨忠壇を日本人を記念する空間にしたのです。

解放後、博文寺など日本によって建てられたものはすぐに撤去されました。そして、現在は奨忠壇公園および

その一帯に抗日運動と関係するモニュメントが建てられています。これは日本によって抹消された奨忠壇の意味を回復するための取り組みであるといえるでしょう。公園内には奨忠壇碑と三つのモニュメントがあります。

Aは、奨忠壇の造成とともに設置された碑です。奨忠壇造成の経緯とその意味が刻まれています。朝鮮を植民地化した日本はこの碑を抜き取りました。解放とともに放置されていた碑を取り戻し、1969年に今の位置に移して保存しています。

Bは、儒学者137人が

奨忠壇碑（A）

儒林独立運動パリ長書の碑（B）

李儁の像（C）

柳寛順の像（D）

3・1運動記念塔（E）

朝鮮の独立を訴えるために、パリ講和会議（1919年）に請願書（長書）を送った運動を記念する碑です。

Cは李儁（イジュン）の銅像です。李儁は、日本の朝鮮侵略を糾弾するため1907年にオランダのハーグで開催された万国平和会議に派遣された人物の一人です。

奨忠壇公園から国立劇場に向かう道には柳寛順の像（ユグァンスン）（D、58頁）や、3・1独立運動（E、72～73頁）を記念するモニュメントが設置されています。　　　　　　　（李）

❷ 新町遊廓跡

アンバサダーソウルプルマンホテルの裏側のエリアは、実は植民地化の過程で日本が遊廓を設置した地域。朝鮮にはもともと国家が性売買を公認する公娼制度はありませんでしたが、日本は朝鮮侵略・植民地支配の過程でソウルや釜山（プサン）、仁川（インチョン）、平壌（ピョンヤン）など朝鮮各地に遊廓を設置し、公娼制度を移植しました。このエリアでは、日露戦争中の1904年に日本人居留民が朝鮮人から詐欺的に土地を買収し、新町遊廓が設置されました。その後周辺には朝鮮人遊廓として東新地（並木町・西四軒町）もつくられました。遊廓は神社と並んで植民地都市のシンボルのような存在で、植民地支配政策の影響で貧困に陥った朝鮮人女性は公娼制度に巻き込まれ、性を搾取されました。解放直後、ある朝鮮人は「日帝が女性に関してこの地に残した害毒が二つある。一

つは公娼制度であり、もう一つはかれらの封建的な奴隷女性観を維持延長させたことだ」（崔正錫「解放되는娼妓五千名」『開闢』77号、1946年3月）と指摘しています。

　植民地支配と性搾取・性差別には密接な関わりがあったのです。

して有名な場所でした。南山コル韓屋村ではソウル市内に散在していた韓屋が移築・復元されており、無料で伝統文化を体感することのできる文化芸術空間になっています。

❸ 南山（ナムサン）コル韓屋村（ハノンマウル）はどんなところ？

　南山コル韓屋村が位置する筆洞（ビルドン）は朝鮮王朝時代、渓谷があり夏の避暑地と

南山コル韓屋村のある場所には日本軍の韓国駐箚軍（ちゅうさつ）司令部があり、これが1908年に龍山（ヨンサン）に移転したあとは憲兵隊が置かれました。前項の新町遊廓が近くにあることから、日本軍と性売買の密接な関係性をうかがわせます。　　（熊野）

かつて新町遊廓の貸座敷などが並んでいた通り

大学路エリア
（テハンノ）

東大門から一駅離れたところにある大学路。このエリアには200個以上の劇場があるといわれており、ミュージカルやアート、芸術が盛んな場所です。道を歩いているだけでも、あちこちでミュージカルや劇のポスターを目にすることができます。　　　　　　　（滝波）

アクセス
・4号線　恵化駅（ヘファ）

大学路の由来は？

　大学路という名前は、もともとソウル大学があったことに由来しています。現在はソウル大学の医学部キャンパスと付属病院のみが残されており、かつての大学跡地の一部はマロニエ公園になりました。ちなみに医学部のキャンパス内には、大韓帝国期に医療・衛生の中心であった旧大韓医院の本館があり、現在は医学の歴史を展示する博物館になっています。

▲ソウル大学校遺趾記念碑
◀旧大韓医院

赤レンガがトレードマーク！
マロニエ公園

　マロニエ公園といえば、ドラマ『二十五、二十一』を思い浮かべる人もいるのでは。ナ・ヒドとコ・ユリムがそれぞれ目印の黄色い花を持って待ち合わせた場所こそ、このマロニエ公園です。公園の雰囲気や背景にある赤レンガの建物もドラマの世界のまま！ドラマファン大歓喜の場所です。

マロニエ公園内のアルコ美術館

マロニエ公園の過去

　マロニエ公園はもともとソウル大学があった場所と解説しましたが、実は植民地時代には京城帝国大学がありました（ただし朝鮮人の高等教育機会は大幅に限定されていた）。1930年に建てられた同大学の建物は現在も残されています。公園のなかを歩いていると、銅像が見えてきます。このモデルは、独立運動で鍾路警察署に爆弾を投げた金相玉です（71頁）。公園内を散歩するだけで、この場所が体験してきたさまざまな歴史が感じられます。

旧京城帝国大学本館

金相玉銅像

　マロニエ公園は、デビュー前のアイドルがステージを行う場所としても知られています。特にデビュー前のSEVENTEENが「SEVENTEEN PROJECT」でミッションステージを行ったところなので、CARAT（SEVENTEENのファン名）の間では「聖地」とされているそうです。タイミングがあえば、これからデビューするアイドルのステージが見られるかもしれませんね！

大学路で最も歴史があるカフェ「学林茶房」
（ハンニムタバン）

　マロニエ公園の向かい側にある建物には、「学林茶房」というカフェがあります。ここは大学路にあるカフェのなかで最も古いといわれていて、60年以上の歴史があります！　なかに入ると年季の入ったテーブルや椅子、カフェではあまり見かけないロフトがあり、まるでタイムスリップしたかのような雰囲気を味わうことができます。このカフェがもつ長い歴史のなかで、民主化運動が行われていた時代には、学生運動を主導した大学生たちが議論する場所として使っていました。学生運動を弾圧した学林事件（1981年）の「学林」はこのカフェの名前に由来しているそうです。

ルーツは朝鮮王朝時代！　長い歴史を誇る成均館大学
（ソンギュンガン）

　恵化駅から少し歩くと成均館大学があります。ここは朝鮮王朝時代につくられた最高教育機関「成均館」がルーツの大学で、その歴史は600年以上ともいわれています。キャンパスのなかに入ると、その広さに圧倒されるばかり！　迫力ある現代的な建物のすぐ近くに目を向けると、かつて成均館だった名残があることに気づくでしょう。講義室として使われていた明倫堂（ミョンリュンダン）や生活スペースとして使われていた建物、儒教を教える場所の象徴として植えられた

イチョウの木などを見学することができます。現地の大学生の雰囲気を楽しみながら、歴史を感じることができるスポットです。

　韓国では演劇が盛んなため、日本よりも比較的安価で鑑賞できるそうです。大学路で上映されているミュージカルのなかには、言葉を使わないノンバーバルのものや、タブレット端末で日本語訳をしてくれるものも！　言葉がわからなかったり、朝鮮語に自信がなかったりしても十分に楽しめるため、この機会にぜひ体験してみてはいかがでしょうか。

再びつながった王宮と宗廟（チョンミョ）

　ソウルには朝鮮王朝を代表する5大王宮（景福宮（キョンボックン）、昌徳宮（チャンドックン）、昌慶宮（チャンギョングン）、慶熙宮（キョンヒグン）、徳寿宮（トクスグン））と歴代の国王と王妃を祀る空間である宗廟があります。このような朝鮮王朝を象徴する建築物では、補修・復元作業が持続的に行われてきました。復元作業は主に植民地期に毀損（きそん）されたものを本来の形に戻すことが目指されましたが、最近の出来事として2022年に完了した復元作業が多くの注目を集めました。この修復で、植民地期に断絶された昌徳宮・昌慶宮と宗廟が結ばれることになったのです。

　朝鮮王朝時代に昌徳宮・昌慶宮と宗廟は塀をはさんでつながっており、一つの領域として認識されていました。ところが日本の植民地支配により、このエリアには大きな変化がもたらされました。昌慶宮には1910年以前から日本の朝鮮侵略のもとで博物館、動物園、植物園が設置され、「韓国併合」以後には「昌慶苑」と格下げされ王宮としての象徴性が大きく損なわれました。それにとどまらず、日本は「都市開発」を掲げて昌徳宮・昌慶宮と宗廟の間を通過する道路を1932年に新設し、昌徳宮・昌慶宮と宗廟を断絶させました。その過程で大規模な工事が行われ、朝鮮王朝の象徴的な空間である王宮と宗廟は毀損を余儀なくされたのです。

　このように断絶されていた昌徳宮・昌慶宮と宗廟が90年ぶりにつながって、その歴史性が復元されました。現在もソウルでは復元工事が活発に行われていますが、これが単純な工事ではなく歴史的な背景をもっていることを意識すると、ソウルをより深く理解することができるでしょう。　　　（李）

7

韓国旅行を
もっと深く

わたしたちが体験したソウル

ソウル旅行や韓国留学について、学部生3名が語ります。
根岸と藤田は2023年春から約1年間韓国に留学中、
滝波は2022年秋からの1年間で4回訪韓し、滞在期間はトータルで約1か月です。
体験をふまえ、ソウルを深掘りしていきます!

（2023年10月14日オンライン）

ソウルでオススメの場所は?

滝波 ソウルで特にオススメの場所ってある?

藤田 「ソウルの森」(112頁)がオススメです。

根岸 藤田さん、本当に好きだよね。

藤田 好きでよく行くんですけど、すごく癒されるんです。季節ごとに全然姿が違うので楽しいです。アイドルが寄付したベンチがあって、名前とメッセージが書いてあります。BTSのベンチが有名だけど、それ以外のいろいろなアイドルのものもあるんです。

根岸 わたしは、漢江沿い（ハンガン）(114〜116頁)を自転車で走るのがすごく気持ちがいいから、みんなもやってほしいです。

滝波 わたしは解放村（ヘバンチョン）(108〜109頁)が好き。すごくお洒落なんだけど、ある程度どういう街だったのかを知ったうえで行くと、きつい坂のところなのですが、「朝鮮戦争の避難民がこういうところに住んでいたんだな」とリアルに感じられてよかったなって。

藤田 それから「戦争と女性の人権博物館」(134〜135頁)は行ってほしいと思います。立地的にも弘大（ホンデ）(132〜133頁)から近いから、観光のついでに「ちょっと行ってみようか」という感覚で行けます。イヤホンガイドをつけて案内を聞きながら展示を見るんですけど、被害者の一人ひとりの視点に立って日本軍「慰安婦」問題を考えられる展示だと思います。「気軽な気持ち」といったらちょっと違うかもしれ

ないし、つらい内容が展示された場所
ではあるけれども、観光の合間に
ちょっと行ってほしいなと思います。

滝波　一般のガイドブックには絶対に
載らない場所だからね。わたしも「戦
争と女性の人権博物館」は行ってほし
いと思います。実際の被害者の証言の
音声や映像なども流れていたり、写真
なども展示されていたりするから、リ
アルに感じることができます。テキス
ト上で得る知識とはまた違う形で学べ
るし、自分は「行ってよかったな」と
思ったので、みなさんにもぜひ行って
もらいたいです。

根岸　被害に関して実感をもつことが
できますよね。日本軍「慰安婦」問題っ
て自分とはまったく関係ないと捉えて
いる人が多いと思うけれど、自らの身
に迫ってくる問題として考えるきっか
けになると思います。

滝波　本当にそうだよね。ほかにもオ
ススメの場所がたくさんありすぎるか
ら、ひとまずガイドブックで推してい
るところだけでも行ってほしい！　それ
でもきっと1週間では絶対にまわりき
れないよね。1か月ぐらいの時間がな
いと行けないかな。何回かに分けて
行ってほしいです（笑）。

「反日」と感じる？

根岸　インスタを見ていて衝撃を受け
たことがありました。それは韓国の観
光情報を紹介するアカウントで〈韓国
の危険な場所ランキング〉という投稿
があり、そこに3・1独立運動が始まっ
たタプコル公園（72〜73頁）が入っ
ていたのです。〈危険だから行かないよ
うにしましょう〉って書かれていて、
えぇ〜……と思った。ゼミの先輩たち
がつくった『「日韓」のモヤモヤと大学
生のわたし』（大月書店、2021年）や『ひ
ろがる「日韓」のモヤモヤとわたした
ち』（大月書店、2023年）でも指摘され
ているように、危険な場所ではないし、
むしろ日本人は実際に行って歴史を学
んだほうがいいと思います。

滝波　被害国の人びとは、歴史的に重
要な場所に行ってその被害を知ってほ
しいという思いがあると思うのね。そ
れを「行ってはいけない」と加害国側
がいうのは、被害国の人たちの思いを
踏みにじってしまうもので、被害者へ
の人権侵害の一種だと思う。
　たとえば景福宮（キョンボックン）（48〜49頁）に写
真映えするから行くのは、きっかけと
してはいいのだけれども、そこで終
わってしまうとすごくもったいないと
思う。そこで起きた歴史を知らない

で、ただただ写真を撮って「インスタ映え」スポットとしてしまうのは、少なくとも加害国側の人間としては足りていないと思います。

根岸 消費している感じがあるね。

滝波 そうね。それこそ文化の消費だな、と思う。観光や文化はきっかけとしてはいいけれど、そこにとどまってしまうのは違うかな……と思う。

韓国旅行に行ったとき、街なかに独立運動家の銅像があったり、貸出用のキックボードの取っ手の部分に独立運動家の顔写真と名前が貼ってあるタグがつけられていたりと、観光中にも独立運動のものはけっこう目に入るのね。だから歴史などをあまり学ぶ機会がなかった人が韓国へ行ったときは、衝撃を受けてしまったり、「やっぱり反日なんだ」と感じる人がいるように思う。これらは歴史を記憶するためのものなので、日本人側がきちんと受けとめるべきことなのだけど。

根岸 条件反射的に「反日」って判断するのではなくて、なぜその像がここにあるのか、歴史的背景を考えないと大切なものが見えないと思う。韓国の人びとが批判しているのは日本帝国主義や、加害責任を果たさない日本。日本人の多くは、日本への「嫌がらせ」とか「嫌日」という意味で「反日」っ

て言葉を使うけれど、日本への批判を正面から受けとめる必要があります。

「中立」ってなに?

滝波 YouTubeで「旅系ユーチューバー」っているじゃない? ふつうはあまり行かないようなところを観光して街を紹介するのだけれども、その人が韓国のどこかへ行ったときに「平和の少女像」(52〜53頁、136〜138頁)があって、〈あっ、ちょっと……後ろに映っているあれは触れないでおきますね〉と、完全にスルーしてしまったのです。動画へのコメントでも〈政治的なところをスルーするのはいいですね〉とあり、その姿勢を肯定的に捉える人たちがいて、「都合が悪いことをスルーするのっていいの?」と思いました。

藤田 日本軍「慰安婦」問題は、そもそも人権問題。被害者がいる問題で「中立」なんてありえないし、加害者擁護でしかないのですが。

滝波 「政治的」なメッセージがちょっとでも感じられたらスルーしてしまうのは、日本社会にありがちなことだよね。そもそも、アートは抵抗の文化という側面があると思うのね。メッセージが込められていて、アートを通して伝える、社会に訴える側面があるか

ら。日本ではアートに「政治的」なメッセージがあったら、すぐに「はい、ダメ！」となっちゃう。「これは中立じゃない」「偏っている」と蓋をしてしまうから、すごくもったいないと思う。

根岸 その根源的なものはなんなのだろう。政治の話をすると「変な人たち」とされたり、「意識高い」といわれて笑われる対象になっています。藤田さんがいっていたように、「中立神話」というか、「中立」以外の立場は全部偏っていて非難されるべき対象のような空気があるように感じています。日本社会での「中立」って「なにも考えないこと、なにもしゃべらないこと」なのかな。「考えるな、しゃべるな」という空気に支配されているように思う。

滝波 それが顕著に出るのは、日本の芸能の世界だと思っていて、ある俳優さんが日本の植民地支配に関して〈日本人として申し訳なくなった〉というコメントをインタビューのなかでしたら、「反日だ！」と袋叩きにしていた。

藤田 特に音楽とか芸術とかに〈政治的なものを持ち込むな〉ということが多いと思う。韓国のデモで歌われる民衆歌謡などを聞いていて思ったのだけれども、音楽の根本にそのような抵抗のメッセージが込められているのに、〈音楽に政治を持ちこむな〉というのは、わからないなと思いました。

滝波 日本では、さまざまな困難があることは前提ですが、たとえばジェンダー差別とかマイノリティ差別などの問題を提起することは相対的に許容されているように思うけれど、「日韓」の歴史問題になった途端に「触れてはいけない」「そこに触れてしまったら終わり」と絶対的にタブー視されている。身近な問題であるはずなのに、そこだけ触れないのは気味が悪いな。

文化からいかに学ぶのか？

滝波 最近も植民地期を扱った韓国ドラマがあったけど、〈このドラマちょっとヤバいかも……〉というツイートが流れてきたりしたから、うわぁ〜ってなった。

根岸 そういう反応してしまう人たちって、歴史を自分の問題として考えられていないのかな。「連累」の話（63頁）をふまえれば、無関係ではないのに。

滝波 それこそ過去と今が断絶されているよね。

藤田 自分が怒られていると感じてしまう人が多いのではないかな。「自分たちのこと、嫌いなんだ！」とか。

根岸 自分たちが被害者であるかのように感じちゃうのかな。

藤田 「過去のことをいつまでも怒って

いる」って。

滝波 植民地支配の問題を〈わざわざ今の時代にドラマ化するのか〉という人がいた。でも、生まれる前の歴史を知らないわけにはいかない。日本による加害があって、そこでの利益（植民地収奪による日本の経済発展など）を享受しちゃっている以上、これを無視するのは許されないことだよね。

　一方で、NCTのMVを景福宮で撮影したようで、NCTの衣裳が景福宮の歴史や色をモチーフにしていて、それをX（旧Twitter）で調べている人がいた。それは歴史と文化がつながっている、とてもいい例だと思った。

藤田 わたしもたぶんそれと同じのを見て、そう思った。そこから日本との関係のところまで調べたら、文化が歴史問題への入口になるのではないかな。

滝波 街なかにあるアートも背景を知ったらすごく深い。韓国に行って驚いたのは、壁画とか銅像が街中にあること。インスタに載せるために写真を撮る人たちもいるけど、一方でそこには作者の思いがあるから、それをくみ取って、もっと深く知ることが大事だと思う。「日本軍「慰安婦」記憶の場」（40頁）に行くまでの道の壁に、蝶がバーッと貼ってあったよね。あれも

「日本軍「慰安婦」記憶の場」への案内（4号線明洞駅1番出口近く）。

アートだよね。

藤田 「平和の少女像」も細部に意味が込められているから、ただ見るだけだとなかなか気づかなかった部分もあったな、と。一つの作品に何重にも意味が込められていると思った。

ソウルだけでは見えてこないこと

滝波 この本はソウルのガイドブックですけれど、ソウルだけでは見えてこない歴史もあるよね。

根岸 全羅道に行ったんですが、あのあたりは穀倉地帯で、田んぼがバーッと広がっているところを通りました。全羅道の群山の博物館へ行ったときに、そこでいかに日本が朝鮮の農村から米などを収奪したかということが展示されていたけれど、ソウルにいると農村で生きた人たちの視点とか、その人

たちが経験したことがわかりづらいかな
と思った。

滝波 たしかに。今、受けている朝鮮
近代史の演習形式の授業では、植民地
期に朝鮮人によって書かれた小説を読
んでいるのだけれども、その舞台が農
村地帯の話なのです。農村地帯だから
こそ生活の苦しさがあり、それこそ収
奪されているから特に小作農たちはす
ごく苦しい生活をしていて、そういう
ことは都市部だけを見ていたら全然見
えてこない話です。生活が逼迫（ひっぱく）してい
るから女性たちも若い年齢で結婚をさ
せられてしまい、教育なども受けたい
のに受けられない、という話も描かれ
ています。このような話は小説に出て
くるだけではなくて、歴史研究のなか
でも明らかにされていることだそうで
す。農村を含めていろいろな面から問
題を見ないと本質は見えてこないんだ
と思いました。

根岸 植民地期の朝鮮はほとんどが農
村だったし、大部分の人が農民だった
ということを考えると、ソウルなどの
都市だけを見ていても植民地支配の全
体像は見えてこないと思った。

藤田 日本が支配したのは現在の韓国
だけじゃなくて、朝鮮半島全体だった
ことも忘れてはいけないな、と思っ
た。ソウルをはじめ韓国側だけを見て

も全部はわからない。

滝波 朝鮮半島の南北分断というと、
朝鮮半島の北と南だけのことだと思わ
れるけど、歴史を見ていくと米ソなど
の役割に加えて、日本の植民地支配が
分断の土台にあるから、日本も間違い
なく南北分断に関しては当事者である
わけですよね。当事者意識をもって問
題を見るということがとても重要だな
と思う。

藤田 それからソウルに行くことがす
べてではないし、日本で学べることも
たくさんある。東京には高麗博物館や
アクティブ・ミュージアム 女たちの戦
争と平和資料館、関東大震災時の朝鮮
人虐殺の現場や、全国各地に朝鮮人強
制動員の現場もある。もちろん本を読
んだり、学習会などもあるから、日本
にいながらでも勉強することもできま
す。

滝波 わたしたちは去年の夏に沖縄に
行ったけれども、沖縄は一見すると朝
鮮人と関係がないと思われがちですが、すごく関係がある。沖縄戦に動員
されて亡くなった朝鮮人を記憶するた
めの慰霊碑がたくさんあったから、一
見関係ないと思ってしまうような場所
にも歴史を学べるところがたくさんあ
るんだなと、わたしはその合宿を通し
て思いました。

どうして今ももめているの？

「日韓」の過去の問題について、よくいわれるのが「たしかに日本は悪いことをしたかもしれないけれど、もう解決したことだよね」という意見です。どのように考えたらいいのでしょうか。

1945年の敗戦以降、日本政府はこの問題に十分に対応してきませんでした。日韓基本条約（1965年）の締結の際に、日本政府は「韓国併合に関する条約」（1910年）は日本と朝鮮の間で「対等の立場」「自由意思」で結ばれたとし、1910年当時としては「韓国併合」は「有効」「合法」であったとの立場を表明しました。現在もこの見解は維持されています。

さらに、日本政府は、日本軍「慰安婦」問題（135～136頁）や「徴用工」（朝鮮人強制労働）などの問題は、1965年に結ばれた日韓請求権協定によって「解決済み」だと主張しています。しかし、同協定では両国間の請求権について「完全かつ最終的に解決された」とされましたが、ここでいう請求権とは未払い賃金などの債務に関するものにすぎず、日本軍「慰安婦」や「徴用工」などの人権侵害に対する請求権は想定されていなかったのです。

要するに、日本政府は現在にいたるまで「韓国併合」の不法性や、植民地支配のなかで引き起こされた日本軍「慰安婦」制度や強制動員に関する法的責任を認めず、賠償も行っていないのです。植民地支配の被害者たちが日本政府の責任を追及し続けているのはそのためです。

なお、朝鮮民主主義人民共和国との間では、一切の措置がとられていません。

今、日本政府に求められているのは、日本軍「慰安婦」制度や「徴用工」、そして植民地支配に関して、真相究明・法的責任認定・公式謝罪・賠償・責任者処罰・再発防止措置などを実施することです。これらの措置がなされない限り「解決済み」とはいえないのです。

（熊野）

K-POPファン
必見！
芸能事務所めぐり

K-POP 4大事務所
を紹介！

それぞれ異なる魅力で多くのファンを惹きつけるK-POPの4大事務所。「推しの事務所に行ってみたい！」と思っている人も多いのでは。各事務所の特徴をおさらいしてみましょう！ （藤田）

SM

アクセス 水仁盆唐線　ソウルの森駅
5番出口目の前

1995年、イ・スマンによって設立されて以来、K-POP界の先頭を走り続けてきたSM Entertainment。韓国アイドルの体系的なプロデューシング・マネジメントシステムは、SMによって導入されました。本社は「アクロソウルフォレストDタワー」というビルに入っています（詳しくは112頁）。

BOA、東方神起、
SUPER JUNIOR、
少女時代、
SHINee、EXO、
Red Velvet、
NCT、aespa、
RIIZE など

SM本社の入っている
Dタワー

YG

アクセス 2・6号線　合井駅
8番出口から徒歩10分

K-POPアイドルグループの先駆け、「ソテジワアイドゥル」のメンバーの一人だったヤン・ヒョンソクによって1996年に設立されました。ヒップホップ色の強い楽曲や、作詞・作曲などセルフプロデュース力の高さが魅力の実力派です。事務所の目の前には直営カフェ「the SameE」があります。

所属アーティスト

BLACKPINK、
TREASURE、
WINNER、AKMU、
BABYMONSTER
など

YG本社

K-POP体験談①

2023年10月6日に発売されたNCT127の韓国5枚目のフルアルバム「Fact Check」。コンセプトがソウルであるため、「Fact Check」のMVが景福宮や清渓商店街、汝矣島IFCモールで撮影されているほか、個人のティーザー（予告映像）でもソウルに実際にあるお店が使われています。テヨンは明洞にある両替所、ドヨンは東大門の近くの金魚屋、ジョンウは梨大駅の近くのビリヤード場……と旅行の途中に立ち寄りそうなところも多くあるので、探してみてください！

K-POP体験談②

2023年8月26日には、ソウルから電車で約1時間半ほどのところにある仁川文鶴競技場主競技場で行われた「NCT NATION: To The World」に行ってきました。3階席だったのですが、最初から最後まで遠さを感じさせないほどの迫力満点のステージでした。初の全体コンサートという場にいられて、留学生活のなかでも忘れられない思い出になりました。また、韓国では日本でのコンサートとは違い、みんな座って鑑賞します! 夏のスタジアムライブということもあり熱中症が心配だったのですが、座っていられたおかげでとても快適でした。

JYP

アクセス 5・9号線 オリンピック公園駅
4番出口から徒歩20分

1997年にパク・ジニョンによって設立され、2001年にパク・ジニョンの名前に由来した現在の社名となりました。TWICEやStray Kids、NiziUなどオーディション番組を通してデビューしたグループが多く所属します。JYP出身の俳優や芸能人が多いことでも有名です。

所属アーティスト

2PM、DAY6、
TWICE、
Stray Kids、
ITZY、NMIXX、
NiziU など

JYP本社

HYBE

アクセス 4号線新龍山駅
2番出口から徒歩8分

もともとは2005年にパン・シヒョクによって設立されたBig Hit Entertainmentでしたが、BTSの大ヒットによってその規模が拡大し、2021年にHYBEに改名しました。今、最も勢いがある事務所だといえるのではないでしょうか（詳しくは100〜101頁）。

所属アーティスト

BTS、
TOMORROW X
TOGETHER、
ENHYPEN、
SEVENTEEN、
LE SSERAFIM、
NewJeansなど

HYBE本社

※所属アーティストのところには、2024年1月現在所属・活動している主なアーティストを載せています

K-POP体験談③

テレビ局の集まる「デジタルメディアシティ」。音楽番組を直に観覧することができるのですが、わたしは寂しく外のスクリーンから観ていました……。MBC前の地面には俳優の手形があったり、近くに「韓国映画博物館」があったりと、観覧に入れなくても楽しめる場所もたくさんあります!

K-POP体験談④

弘大入口駅4番出口の目の前にあるAKプラザの2階には、K-POPアイドルのグッズが買えるお店「WITHMUU」があります。入口近くには各グループのペンライトやサイン入りCDが飾られています。カフェが併設されていて、ここでトレカの交換をしている人たちもいます! また、K-POPのアルバムは、合井や光化門にある大型書店「教保文庫」でも買うことができます。

HYBE 本社と龍山(ヨンサン)

BTSをはじめとする多くの人気K-POPグループを擁するHYBE。
そんなHYBEの本社があるのが漢江(ハンガン)北岸に面する龍山というエリア。
HYBE本社を見上げると高層階までガラス張りで、
自分の好きなアイドルも窓から外を眺めているのではないかと想像が膨らみます！
そんなアイドルがビルから見下ろしているであろうHYBE本社周辺のエリアは、
実は日本ともゆかりのある地域なのです。

（アクセス）4号線　新龍山駅、1号線・京義中央線(キョンウィ)　龍山駅

HYBE本社

　4号線新龍山駅を降りて、大きな道路を南にまっすぐ歩いていくと現れるガラス張りのビルが、かのHYBE本社（①）！ ビルのなかには入ることはできませんが、ビルの裏側にはHYBE所属アイドルの誕生日などに合わせてイベントが開かれる「センイルカフェ」があります。ビルを一周してみるのがオススメ！

HYBE本社周辺エリアってどんなとこ？

　HYBE本社の目の前の大通りを渡っ

HYBE本社（上）と日本人の鉄道官舎があった
エリア（下）

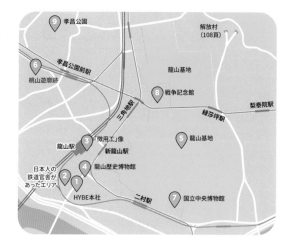

た先のエリアは現在おしゃれなカフェができたりしていますが、植民期には鉄道関連の仕事に従事する日本人の鉄道官舎が多くありました。現在もその一部が残っています（2）。ソウル駅に次いで大きな龍山駅も、日本が朝鮮侵略・植民地支配の過程で鉄道の敷設を進めるなかで1899年に建てられました。日本では朝鮮での鉄道建設が植民地支配の「恩恵」のように語られることも少なくないですが、鉄道はあくまで日本の朝鮮における軍事的・経済的支配のためにありました。つまり、鉄道は軍事物資の運搬や朝鮮の農産物の日本への輸出のために使われたのです。また、アジア太平洋戦争の時期には強制労働に動員された「徴用工」をはじめ、多くの朝鮮人が龍山駅に集められ、日本や中国への経由地である釜山や新義州へと運ばれていきました。そうした歴史を記憶するため、龍山駅の目の前には「徴用工」像が設置されています（3）。

　また、鉄道関連の事故による負傷者などを治療する鉄道病院の建物も現存しており、現在は「龍山歴史博物館」という龍山地域における日本による収奪の歴史を伝える博物館になっています（4）。HYBE本社からアイドルが眺めるかもしれない龍山周辺エリアは日本の植民地支配の歴史と深く関わっているのです。

龍山駅前の「徴用工」像

鉄道病院の建物をリニューアルしてできた龍山歴史博物館

龍山のもう一つの姿

龍山を象徴するものは鉄道だけではありません。龍山は過去100年以上、軍事基地が置かれる「基地の街」なのです。

龍山と呼ばれる地域はもともと現在の龍山駅より西側の地域（現・元暁路一帯）のことを指していました（「旧龍山」）。朝鮮王朝時代は国内有数の江川港の一つとして軍需物資が集まり、税穀を輸送する朝鮮人商人による活発な活動もありました。しかし、日本の

主導により1884年に龍山が開市場（外国人の商業活動が認められた地区）になると、外国からの蒸気船や資本の流入によってかれらの利益は失われていきました。そして前項で見た龍山駅の建設とともに、駅周辺に日本人のための近代的施設がつくられ、1900年頃から「新龍山」が形成されていきました。

そうした龍山の姿がさらに様変わりする契機となったのが1904年2月に始まった日露戦争でした。これは大陸侵略の戦略基地を確保するための戦争

であり、日本は大韓帝国政府に「日韓議定書」の「締結」を強制することで、朝鮮における日本の軍事行動の自由を認めさせました。これを機に日本は龍山地域において約300万坪を収容する計画で朝鮮人の住んでいた土地を収容しはじめました（最終的な軍用地収容確定面積は117万9800坪）。はじめに策定された補償金も一坪当たり2銭と安い価格だったため（当時の新聞紙価格は7銭）、朝鮮人住民は集団陳情や実力行使を通して抵抗運動を展開しました。しかし、それも日本の憲兵によって鎮圧され、1906年4月から龍山基地の建設が始まりました。現在の龍山駅の東側に南北に広がる広大な敷地が龍山基地です（⑤）。なお、同じ頃、龍山には日本人遊廓の桃山遊廓（のちに弥生町遊廓）も設置されました（現・桃園洞）。桃山遊廓のあった地域はもともと朝鮮人の墓地があったため、朝鮮人の反発が起きました（⑥）。

基地建設の過程でも朝鮮人は排除されました。現在、龍山基地の南端に位置する国立中央博物館（⑦）のあたりは屯芝里（味）という朝鮮人の村がありましたが、日本軍の練兵場設置のために、かれらは現在の宝光洞に強制移住させられたのです。龍山基地には日

本軍の司令部が置かれ、名実ともに大陸侵略の前進基地となりました。解放後には駐韓米軍が駐屯し、現在は龍山基地を公園化する事業のもと、敷地の返還が進んでいます。

なお、植民地期に日本軍の歩兵第79連隊兵舎のあった場所は現在「戦争記念館」という博物館が建てられ、多くの外国人観光客が訪れています（⑧）。しかし、龍山基地という場所性も関連して、軍国主義的な展示が目立ち、「右翼の総本山」といった趣きを感じます。韓国現代史の研究者である韓洪九が指摘するとおり、「「戦争」を記念する場所に「平和」はない」のです。

孝昌公園（ヒョチャン）

龍山駅から京義中央線で一駅の場所にあるのが、自然豊かな市民の憩いの場である孝昌公園です（⑨）。孝昌公園内には独立運動家の金九の墓地とかれの生涯を伝える白凡記念館をはじめ、李奉昌、尹奉吉、白貞基の墓地および安重根の仮墓（遺骨は行方不明）があります。

まず、金九は日本の朝鮮植民地化以前から甲午農民戦争（1894年）や義兵闘争に参加したり、教育家として活

孝昌公園内の李奉昌・尹奉吉・白貞基の墓および安重根の仮墓

動したりし、1919年の3・1独立運動後は上海の大韓民国臨時政府で抗日運動を指揮した独立運動家です。解放後は南北統一政府樹立のためにも奔走(ほんそう)しました。

そんな金九の指揮のもと、李奉昌は1932年1月に東京の桜田門で昭和天皇に向かって爆弾を投げ（桜田門事件）、尹奉吉も同年4月上海で日本の要人7人を爆弾によって死傷させました。上海では翌1933年に無政府主義者の白貞基も駐中日本公使暗殺未遂事件を起こしました。かれらの武力闘争

は朝鮮や中国の民衆の抗日闘争を活気づけ、韓国で「三義士」と呼ばれています。一方で、韓国での独立運動の語られ方には、大韓民国臨時政府以外の独立運動勢力が軽視される傾向にあるなど、限界もあることを付言しておきます（154~159頁）。

龍山は日本によって自主的な発展の可能性が歪められた多くの朝鮮人の排除や抵抗の歴史が刻まれている場所なのです。　　（熊野）

一度は行きたい！
隠れ家的博物館紹介②

アクセス 4号線　淑大入口駅(スッデ)

　龍山エリアに来たら訪れたいのが植民地歴史博物館。植民地歴史博物館は、植民地支配と南北分断による人権侵害問題などに関する歴史研究や運動を行っている韓国の市民団体「民族問題研究所」が運営している博物館です。日本の植民地支配責任の清算を願う日本と韓国の市民による募金活動などの成果もあり、2018年に開館しました。まさに「日韓市民連帯」によってつくられた博物館といえます。

　また、「民族問題研究所」は日本の植民地支配に協力した朝鮮人である「親日派」を調査・処罰するために設立された「反民族行為特別調査委員会」(1949年) の趣旨を受け継いで、『親日人名辞典』を刊行するなどの活動を行っており、植民地歴史博物館でも「親日派」問題に関する展示を観ることができます。日本への批判に加えて、韓国内における「親日派」問題にも向き合う韓国市民の歴史意識を感じとることができるでしょう。

（熊野）

植民地歴史博物館

「異邦人の街」
梨泰院（イテウォン）

『梨泰院クラス』の世界的なブームにより、その地名が広く知られるようになった梨泰院。実はHYBEと同じ龍山エリアにあります！ 若者の街・梨泰院ですが、その歴史を探ると知られざる一面に出会うことができますよ。　（滝波）

アクセス

・6号線
梨泰院駅

梨泰院の歴史

梨泰院の「異邦人の街」としての歴史は、朝鮮王朝時代にまでさかのぼります。豊臣秀吉の朝鮮侵略である壬辰倭乱（イムジンウェラン）のあと朝鮮に取り残され、日本に帰れなくなった日本人がこの地に定住しはじめました。その後、朝鮮王朝時代末期には清国の軍隊が駐屯し、20世紀初頭から1945年までは日本軍基地に隣接するエリアとなりました（101〜103頁）。さらに解放を経て朝鮮戦争休戦後の1953年からは米軍が駐屯しています。こうした歴史を見ていくと、

梨泰院は軍事施設と密接な関係を持っている街であることがよくわかりますね。

多国籍な街

現代の梨泰院に見られる外国人向けのショップが多く並びはじめたのは、1970年代といわれています。今では梨泰院の観光名所となっている「アンティーク家具通り」も、この時代に帰国する在米軍関係者が家具を売り払ったことを起点に発展していったそうです。このように当初は、主に米軍の兵士向けの飲食店やブランドショップが並んでいましたが、その後アフリカ系やイスラム系の飲食店も登場し、2000年代に入ると世界中の食べ物が食べられる「世界グルメ通り」も出現しました。こうして現在の「多国籍な街・梨泰院」のイメージが形成されていったのです。

梨泰院といえばあのドラマ！
『梨泰院クラス』のロケ地

梨泰院について語るときに欠せないのが、やはりドラマ『梨泰院クラス』のロケ地でしょう。ハロウィンの日にセロイとスアが再会する「世界グルメ通り」や、移転する前の「タンバム」がある場所など、あの名シーンを撮影したスポットがあちこちにあります。ドラマを見たファンは歩いているだけでずっとテンション上がりっぱなしです！

ドラマには登場しないものの、『梨泰院クラス』の原作者が経営する居酒屋「クルバムポチャ」も梨泰院にあります。ドラマで登場するあのスンドゥブチゲや、トニーがつくった「ムール貝のカレースープ」を食べることが可能。たまに原作者も来店するらしいので、運がよければ会えるかもしれませんね！

韓国が誇る大企業・サムスンの私立美術館「Leeum」

アクセス 6号線　漢江鎮駅(ハンガンジン)から徒歩5分

リウム美術館は韓国が世界に誇る大企業であるサムスンが運営しています。サムスングループの創設者であるイ・ビョンチョルが生前集めていた美術品を展示しています。その数は1万5000点を超え、韓国の伝統工芸の漆器や陶器から、現代アートのオブジェまで、さまざまなアートを観覧することができます。三人の建築士が手がけた美術館の建物も非常に魅力的なので、ぜひ行ってみてください！

日本語をはじめ4か国語に対応したデジタルガイドが借りられるため、朝鮮語がわからなくても安心して展示を楽しむことができますよ。

龍山区(ヨンサン)の全景が眺められる「梨泰院府君堂歴史公園」(プグンダン)

梨泰院の坂道を少し上ると「梨泰院府君堂歴史公園」という小さな公園があります。ここからは梨泰院エリア全体を見渡すことができるため、特に夜景の写真を収めるのにぴったり！

公園内には独立運動家である柳寛順(ユグァンスン)（58頁）の追悼碑があります。もともとこのエリア一帯は共同墓地で、柳寛順を含む多くの朝鮮人の遺骨が埋葬されていました。しかし日本による「都市開発」と軍事施設の造成のため遺骨はほかの場所に移され、その過程で柳寛順など多くの遺骨が消失してしまいました。

梨泰院雑踏事故の現場の今

2022年10月29日、ハロウィンで盛り上がりを見せていた梨泰院で発生した雑踏事故。狭い路地に密集した人びとが転倒し、159名が死亡、196名が負傷しました。亡くなった人びとの多くが10代から20代の若者だった

ショッキングな事故として、日本でも大々的に報道されました。わたし自身も事故当時たまたま韓国に滞在しており、事故発生直後からテレビやSNSで現場を写した動画がたくさん流れ、衝撃を受けたのをよく覚えています。

現場では犠牲者を追悼する目的で、メッセージが書かれたポストイットが壁一面に貼られています（2023年10月現在）。14か国にのぼる外国人の犠牲者もいたことから、朝鮮語だけではなく、英語や中国語、日本語などさまざまな言語で書かれたメッセージも。二度と同じような悲劇を繰り返さないために、この事故を記憶しなければいけないことを強く思わせてくれる場所です。

生まれ変わったホットスポット
解放村 <ヘバンチョン>

HYBE本社と同じ龍山<ヨンサン>エリアにある、近年話題になっているホットスポットが解放村<ヘバンチョン>！ ここでは解放村の歴史と今を感じられるおすすめスポットを紹介します。

（熊野・藤田）

アクセス

・6号線　緑莎坪駅
よりバス・タクシー

1 緑莎坪駅歩道橋 <ノクサピョンニョク>

緑莎坪駅のすぐ近くにある歩道橋は南山<ナムサン>とNソウルタワーがよく見えるおすすめのスポット。ドラマ『梨泰院クラス』でもよく登場します！また、緑莎坪駅構内には解放村一帯の歴史を伝える展示があり、当時の写真なども見られるなど、ミニ博物館のようになっています。

noop cafe

STORAGE BOOK
&FILM

108階段

6

5　4　3 新興市場
　　　クエバマテラ

7 おすすめ
夕焼けスポット!

解放村入口 2

緑莎坪駅歩道橋 1

緑莎坪駅

2 解放村入口

緑莎坪駅2番出口から南山の方面に歩くと見えてくるのが解放村の入口です。解放村は入り組んだ急な坂道の多いエリアですが、おしゃれなレストランやバー、カフェもあり、ローカルさとモダンさの入り混じった独特な雰囲気が人気を集めています！ 解放村は日本の植民地期は山林地域でしたが、解放後に朝鮮半島北部から38度線を越えてやってきた越南民によって形成されました。解放後は教会や学校が建てられ、解放村のコミュニティを支えてきました。

3 新興市場 <シヌンシジャン>

新興市場のロゴ

解放村の人気スポットが新興市場！ アーティスティックな雰囲気の路地には、おしゃれなカフェやレストランが立ち並びます。

ムーディーな
市場でちょっと一息

108

③ クエバマテラ

新興市場にあるカフェ。クローゼットふうのドアから店内に入ると、まるでドールハウスのなかにいるような気分を味わえます。店内はこぢんまりとしたアンティークな雰囲気で、写真映えのする空間です。おすすめメニューはアールグレイチョコラテ。焼き菓子の「ダックワーズ」など、デザートメニューもあります。また、ここのカフェは、NU'ESTのRENがミュージックビデオを撮影した場所でもあります!

ドアをくぐったらメルヘンな世界!

④ noop cafe

解放村にある座席数の多いテラスカフェといえばココ! Nソウルタワーから梨泰院、龍山方面まで、あたり一帯を見渡すことができます。とっても広いカフェで、なかにはビリヤード場も。ピザやパスタなどフードメニューも多く、ランチにもぴったりです。

この場所は1950〜70年代に崇実学校があった場所でもあります。崇実学校はもともとは平壌にあり、1938年に神社参拝を拒否したことにより廃校になってしまった学校です。noop cafe の横にある道の柵には、解放村や崇実学校の歴史を学ぶことのできるパネルが掲示されています。

⑤ STORAGE BOOK&FILM

解放村にひっそりとたたずむ独立書店。書籍のほかにちょっとした雑貨も売っています。解放村のお土産にぜひ!

⑥ 108階段

解放村の西側のはずれにあるのが通称「108階段」と呼ばれる階段で、現在はエレベーターが設置されています。実はこの108階段こそ日本の植民地支配の痕跡なのです。日本はアジア太平洋戦争末期、戦死者を追慕するために京城護国神社を解放村に建てました(1940年着工、1943年完工)。それは戦死者を「護国の英霊」として祀ることで、軍国主義を強化するものでしたが、神社建設には朝鮮人の財産と労働力が動員され、神社での行事にも朝鮮人は強制的に参加させられました。そして現在も残る108階段は京城護国神社に向かうための階段でした。解放村にも日本の植民地支配と朝鮮人の苦痛の歴史が刻まれています。

⑦ おすすめ夕焼けスポット!

解放村は夕焼けのタイミングに訪れるのがおすすめ。ドラマ『梨泰院クラス』にも登場するレストラン「URBAN CLIFF」手前のスポットがイチオシです!

人気急上昇中！
カフェの街・聖水洞
ソンスドン

今ソウルで最もホットなエリアといえば聖水洞。靴や皮革、印刷物などを生産する工場が多く集まっていた地域なのですが、近年、工場や倉庫をリノベーションしたカフェやギャラリーが注目を集めています。さらにこのエリアにはSM本社とソウルの森があります。　　（藤田）

アクセス
・2号線　聖水駅

1 onion

　50年もの間、スーパーマーケット、食堂、整備所として姿を変えてきた建物がリノベーションされてできたカフェ。赤レンガづくりの壁に、ペンキの跡など当時の痕跡がそのまま残されています。パン好きの聖地としても知られ、テラス席の居心地も抜群。

聖水カフェといえばココ

2 聖水洞手づくり靴通り

　聖水には今でも多くの工場が残っています。「手づくり靴通り」は小さな靴工場が集まっている場所で、職人さんによって靴がつくられていく過程を知ることができます。ホットスポットだけではない魅力を感じることのできる場所です。「手づくり靴通り」は聖水洞全体に広がっているのですが、②はその一つです。駅前の案内板を参考にまわってみましょう。

3 House by

　韓国の若者に人気のファッションブランド、「Matin Kim」や「THE MUSEUM VISITOR」を取り扱っているセレクトショップ。カフェも併設されています。工場が立ち並ぶなかにいきなり現れる、大きくハートが描かれたお店の外観が印象的。

House by
3 House by
聖水洞
手づくり靴通り
2
onion
1
聖水駅
4 POINT OF VIEW
6 ソービューティーハウス
メロワー 5
7 マルルリ
大林倉庫 8
9 聖水連邦

④ POINT OF VIEW

行列ができるほど大人気の文房具ショップ。美術館のようなシックな雰囲気の店内に、おしゃれで実用的な文房具がたくさん並べられています。

⑤ メロワー

2013年の韓国バリスタチャンピオンが代表のベーカリーカフェ。昔、染色・金属工場だった建物が使われています。大きなレモンメレンゲクロワッサンがとてもかわいい。

⑥ ソービューティーハウス

入口にあるかわいい子グマのイラストが目印の雑貨屋さん。こぢんまりとした店内にいろいろなジャンルの雑貨が所狭しと並べられていて、ワクワクすること間違いなし!

⑦ マルルリ

ケーキ好きなら絶対に外せない人気カフェ。ショートケーキやブルーベリーチーズケーキ、ティラミスタルトなどがあります。質素な雰囲気で、靴を脱いで座れるスペースもありリラックスできます。ビンに入ったすっきりとした味わいのミルクティーがおすすめ。

⑧ 大林倉庫
テ リ ム

1970年代には精米所、1990年代には物流倉庫として使われていた建物。カフェとギャラリーが入っています。むき出しのコンクリートと、ツタの絡んだ赤レンガの壁が、当時の様子を生き生きと伝えてくれます。

⑨ 聖水連邦

2019年にオープンした複合文化空間。緑があふれた開放的な空間に、ほっと一息つけます。1970年に建てられた建物のなかに、「天井家屋」というテラスカフェや雑貨屋、ピザ屋などが入っています。

洞ってなに?
ド ン

聖水エリアについて調べていると、「聖水」と書かれているものと「聖水洞」と書かれているものがあり混乱したことがある人もいるのではないでしょうか。洞とは韓国の行政区分の一つです。聖水洞はソウル特別市城東区聖水洞となり、洞は日本でいう町や大字のような感覚です。「聖水」は「聖水洞」の洞を省略しただけなので、同じ場所を指しているのです。

SM本社とソウルの森

水仁盆唐線ソウルの森駅5番出口を出て目の前にあるビルには、6階から19階にSMエンターテインメントの本社が入っています（2号線聖水駅・トゥクソム駅からも歩いて行けます）。一般人が入ることができるのは1階までですが、グッズショップやカフェがあり十分に楽しめます。自動ドアからビルのなかに入ると所属アーティストたちが映し出された巨大なスクリーンが。推しを探してみましょう。

ソウルの森

地下1階にある「KWANGYA@SEOUL」では、アルバムやグッズを買うことができます。店内にあるスクリーンでは最近カムバ（曲やアルバムを新しくリリースすることを指す「カムバック」の略）したグループのMVが流れています。サイン入りのグッズなども飾られていて、

KWANGYA@SEOUL

推しを近くに感じることができます。

駅から3分ほど歩くと、ソウルの森が現れます。2005年にオープンしたソウルの森は、憩いの場として多くの市民に愛されている大公園で、BTSメンバー

などの名前とメッセージが書かれたベンチが多く設置されています。実は、これらのベンチは「ソウルの森ベンチ養子縁組」という募

ソウルの森　ベンチ

金活動によって設置されたものなのです。公園のオープンから15年ほど使われてきたベンチを新しいものに替える際、市民たちと一緒に育つことができるようなベンチにしたいという思いから、この活動が生まれました。ベンチに書かれているのは、この活動を通してベンチを管理するためのお金を寄付した人たちの名前なのです。

この地域はどのように発展してきたの？

1945年以降、この一帯には新たに競馬場などがつくられました。そして、1960年代前後の都市化の進展により、聖水洞一帯は準工業地帯と指定され、靴工業や印刷業などの工場が多く設立されました。しかし、製造業が衰退すると、だんだんと閉鎖される工場も増えていきました。そうして、一度は活気を失った聖水洞でしたが、2000年代半ば頃から、閉鎖された工場が都市再生事業によりカフェやギャラリーとして生まれ変わり、今ではソウルを代表する

ホットスポットとなっています。そして、2002年に大規模な公園をつくる計画が立ち上がり、約2年5か月の工事を経て「ソウルの森」が造成されました。この造成過程から多くの市民が参加し、現在でも公園の管理や運営、プログラムの開発は市民団体によって行われています。

Column

聖水洞（ソンスドン）ってもとはなにがあったの？

　人気カフェやSM本社、ソウルの森がある聖水洞一帯には、どのような歴史があるのでしょうか。朝鮮王朝時代、聖水洞一帯には王室の牧場があり、一方で軍事訓練が行われた地域でもありました。また、漢江（ハンガン）に近いことから水運が発達し、農業や商業でも有名でした。ところが、社会情勢の変化は聖水洞一帯に影響をもたらしました。朝鮮王朝末期、日本など諸外国の侵略が本格化するなかで（21頁）、当時の国王・高宗は自主国家を掲げて国号を「大韓帝国」と改めます。大韓帝国期に聖水洞一帯においては近代的施設の設置が試みられ、農業技術の発達のための農事試験場とソウル初となる浄水場が設置されました。

　しかし、朝鮮を侵略するなかで日本はこうした施設を植民地経営のために利用しました。植民地経営をするために設立された東洋拓殖株式会社が大規模な農場をつくるなど、この一帯はソウル近郊の農業地帯と位置づけられました。また、浄水場は朝鮮総督府によって植民地経営のために運営されました。そして1930年代になって往十里（ワンシムニ）から聖水洞まで汽車が通ると、聖水洞一帯は日本によって遊園地にされ、人びとが汽車に乗って遊びに来るような場所になりました。このように、日本による「近代化」は、朝鮮で芽生えていた近代化を踏みにじったうえで、それを日本のために利用したものであったといえるでしょう。

（李）

旧浄水場の建物は
現在水道博物館となっている

ソウル市民の憩いの場、漢江（ハンガン）

アクセス 5号線　汝矣ナル駅3番出口

　ソウル旅行に来たみなさんの多くが、漢江公園を訪れる計画を立てているだろうと思います。ソウルの中心を流れる漢江沿いには11か所の公園があります。漢江公園は忙しい日常から少し離れて心と体を癒す憩いの場です。ランニングやサイクリングをしている人、食事後に散歩をしている人、レジャーシートを広げて「チメク」（チキンとビール）や「漢江ラーメン」を楽しむ人でいっぱいです。

汝矣島漢江公園

　そのなかでも、汝矣島（ヨイド）に位置する漢江公園は最も多くの人びとが集まる名所です。汝矣島漢江公園では毎年10月に「ソウル世界花火祭り」が開かれており、ドラマのロケ地やK-POPアイドルの「聖地」巡礼スポットとしても有名です。BTS10周年フェスタが行われた場所もこの公園です。そして、公園の一角にはファンの寄付により、「少女時代の森」・「東方神起の森」などのアーティストの名を冠した「森」が造成されています。

少女時代の森

　ところで、汝矣島漢江公園の一帯は100年ほど前に朝鮮最初の飛行場が設置された場所です。1916年、日本軍は汝矣島を軍用地として買い入れ、簡易飛行場を設置しました。ソウル中心部から近いですが、島であるため一定程度分離されていたことが飛行場設置の背景であったといわれています。

　汝矣島飛行場は1920年代末に整備されて1929年には「京城飛行場」と名前を変えました。その後、日本の大陸侵略が本格化すると大規模に再整備され、民間・軍事輸送の要衝、日本本土と中国大陸をつなぐ中間地点と位置づけられたのです。汝矣島飛行場は解放後にも飛行場として使われましたが、徐々にその機能が金浦空港に移転され、1971年に閉鎖されました。

　汝矣島漢江公園と隣接したところに汝矣島公園がありますが、両公園をつなぐのが「汝矣島飛行場歴史のトンネル」です。このトンネルでは、朝鮮人としてははじめて朝鮮の上空を飛行して汝矣島飛行場に着陸し、のちには独立運動に関わった安昌男が紹介されています。このトンネルを通って汝矣島公園に足を運んでみましょう。なんと公園内に飛行機が展示されています。これはC-47輸送機。解放直後に大韓民国臨時政府傘下の光復軍に所属していた三名の朝鮮人がこれと同じ機種の輸送機に乗って汝矣島飛

行場に着陸したことを記念して、ここに展示されています。このように、この一帯は植民地期から飛行場があった場所で、それに関わる歴史を伝えるために工夫されているのです。

飛行機展示館

汝矣島飛行場歴史の
トンネル

　汝矣島公園は汝矣島の中心部を横切っています。汝矣島は1960年代から開発されて韓国における政治・経済・言論の中心地となった地域であり、国会議事堂、証券取引所、「ザ・現代ソウル」、「IFCモール」、「63スクエア」などが位置しています。汝矣島漢江公園から「汝矣島飛行場歴史のトンネル」を通って汝矣島の中心部まで、この一帯がどのように変化してきたのかを想像しながら歩いてみましょう。

(李)

国会議事堂

わたしたちと韓国文化

9

「キラキラ」な韓国留学生活？

わたしは、2023年2月から2024年3月までソウルに留学していました。
留学前の日本での体験と、留学中に韓国人学生や日本人留学生、
日本以外の国から来た留学生と関わったり、
授業を受けたりしながら感じたことや考えたことを
みなさんと共有できればと思います。

根岸花子

韓国留学のイメージ

　みなさん、韓国留学といえばなにを想像しますか？　休日にはおしゃれなカフェに行き、おいしいものを食べ、かわいい化粧品や服を買って……。そんな「キラキラ」な留学生活を想像する人が多いかもしれません。わたしも、留学前にまわりの人に「韓国に留学に行く」と伝えると、「化粧品買い放題だね」、「韓国のカフェたくさん行けるのいいな」、「韓国に行ってなにを学ぶの?」などといろいろな人にいわれました。しかしこの反応は、たとえば「ヨーロッパやアメリカに留学に行く」といったときとまったく異なるのだろうな、と容易に想像がつきます。このような「キラキラ」韓国留学イメージには、韓国という国をどこか下に見ている、「学習の対象」ではなく、単に観光の対象であり、文化を楽しむだけの国と見ている認識があるように感じます。つまり、「キラキラ」

韓国留学は文化の側面だけを見て、文化を消費するものだともいえます。

しかし、正直にいうと、このように日本社会に一般化していると思われるイメージどおりの「キラキラ」留学は、そうしようと思えばできるものだとも感じます。それはとても楽しいものでもあります。もちろん、留学を楽しむこと自体は悪いことではありません。周囲にはおしゃれなカフェや化粧品のお店、洋服店もたくさんあり、さらにソウルに留学していれば有名な観光地にもすぐ行けます。つまり、留学中に観光だけしようと思えばできてしまうし、文化だけを楽しもうとすればできてしまうのです。つまり、日本人留学生のなかに「キラキラ」韓国留学イメージが内面化していると同時に、日本人留学生のふるまいが日本人の「キラキラ」韓国留学イメージを固定化しているといえるのです。

衝撃的な体験

このような日本人の「キラキラ」な韓国留学を成り立たせているものはなにか、わたしの留学中の体験から考えていきたいと思います。

大学で留学生向けの授業をとろうとしたときのことです。その授業は韓国の歴史と文化を学ぶ授業だったのですが、いざシラバスを見てみると、授業内容には植民地期（韓国では「日帝強占期」といいます）の内容がごっそり抜け落ちていました。ほかの授業ですが、現代韓国社会を社会学的に分析し、社会問題を考える授業をとったときのことです。初回の授業で現代韓国を考える土台として、朝鮮の建国から現代にかけての歴史を概観する内容が扱われました。そして植民地期の歴史の解説の際に、先生が「日本人学生を責めるものではない」「自分はそのような意図はない」と前もって強調されていました。また、わたしは大学の授業とは別に語学堂（大学に併設されて

ソウル歴史博物館（アクセス：5号線光化門駅徒歩7分、56頁マップ⑮）

いる、朝鮮語を集中的に学ぶ場所。多くの留学生が通っている）にも通っていたのですが、そこでの課外授業でソウル歴史博物館に行ったときの話です。学芸員さんが展示を案内してくれたのですが、植民期の展示を飛ばし解説していました。その理由を学芸員さんに聞いたところ、留学生には日本人学生が多いため学校側から植民地期の内容には一切触れないように要請があるとのことでした。

つまり大学の授業ですら、主に日本人留学生に対しあえて植民地期の歴史に触れない態度や日本人留学生の気分を害さないような対応がとられているのです。わたしにとってはとても衝撃的で、ショックを受けた体験でした。しかしこのような韓国人側の態度について、同じ授業をとっていた日本人留学生が「先生が気遣ってくれてうれしい」「やさしい」といっていたのです。はたして、この韓国人側の態度や対応は本当に自発的な気遣い、配慮であり、韓国人のやさしさであり、日本人はそれを「うれしい」と捉えてよいものなのでしょうか。

強制している「配慮」

日本は、19世紀後半以降、朝鮮半島を侵略し、朝鮮の植民地支配により多くの人びとの命を奪い、多くの人びとの人権を蹂躙した加害国です。そして韓国は侵略・支配を受けた被害国であり、その立場は非対称です。さらに戦後（朝鮮の解放後）一貫して日本は加害の歴史に向き合わず、真摯な償いを行ってこなかったために、当時の人権侵害や差別を正当化した構造と、立場の非対称性が現在も継続する形で、わたしたちが住む社会が形成されています。

このように加害の歴史に真摯に向き合わない日本人の姿勢、つまり加害の歴史への認識・反省がないことこそが、韓国人の側にあえて植民地期の歴史に触れないような日本人留学生への「配慮」を強制させてしまっているのではないでしょうか。そして、韓国人側が強いられている「配慮」ゆえに、日本人留学生は日本の加害の歴史に触れずにすみ、文化のみを楽しむ「キラキラ」留学生活が成り立っているのではないでしょうか。そう考えると、これはとても暴力的なことで、被害側の立場にある人びとの口をふさぐものではないかと思います。

ただし、加害側である日本人の歴史に対する不誠実な姿勢が被害側の人びとの口をふさいでいることは、韓国留学生に限った話ではないとも思います。日本社会の方向性を決める権利をもつ日本人は、現在も継続する、朝鮮に対する侵略・支配、人権侵害、差別を正当化した構造を解体する責任があり、そのために加害の歴史に向き合う責任があります。そして真に人権が尊重される社会をつくるために、被害者の人びとの口をふさぐ状況を変える責任があるのです。

「キラキラ」韓国留学というイメージには韓国蔑視観が内在していること、文化のみを消費する姿勢があること、そしてそのイメージや姿勢を日本人留学生自身が固定化していること。また日本人の加害の歴史への不誠実な姿勢が韓国の人びとの口をふさぎ、それこそが「キラキラ」韓国留学を成り立たせていること。そしてこれは留学の話題に限った話ではないということ。わたしもまだまだ認識は不十分で、考えなければいけないことはたくさんあると日々感じています。韓国への留学生が増えている現在、あらためてみなさんと一緒に考えていきたいです。

韓国ドラマと社会

滝波明日香

　近年日本でも高い盛り上がりを見せている韓国ドラマ。クオリティの高さやキャストなどエンタメ的な側面が強調されがちですが、実は歴史や社会問題などの側面も多く含まれているのです。今回はフェミニズム、韓国社会との関係、南北分断の三つの側面から、韓国ドラマの魅力について紹介したいと思います。

韓国ドラマとフェミニズム

　韓国ドラマを語るうえで、女性の描かれ方の変化に触れないわけにはいきません。かつては、社会的地位の高い男性が地位の低い女性に恋する「シンデレラストーリー」が描かれたり、男性の強引さも魅力とされたりすることは、恋愛ドラマを中心によく見られました。しかし2010年代後半に入ると、韓国ではフェミニズムが高まっていき、『82年生まれ、キム・ジヨン』などのフェミニズム小説の誕生や「#MeToo運動」の展開が起きます（142〜144頁）。

　フェミニズムの高揚による意識の変化は、ドラマにも多く反映されていきます。そのなかでも最も有名な作品が、2018年に放送された『私のIDはカンナム美人』でしょう。タイトルの「カンナム美人」とは、美容外科クリニックが立ち並ぶ江南地区（140〜144頁）に由来しており、美容整形を受けた人を揶揄する言葉です。幼い頃から容姿が理由でいじめを受けていた主人公のミレが、大学合格を機に整形をするところから物語は始まります。本作が特徴的なのは、ただ「外見ではなく内面が大事」と主張するのではなく、登場人物が外見至上主義（ルッキズム）の呪縛から解放されていく過程を描いているところです。さらに「強引さも男性の

魅力」といったドラマで許されてきた描写にも、それが暴力になりうるとツッコんでいきます。このように、#MeToo運動のなかで盛んになったジェンダー観がドラマの随所に反映されているのです。

社会に残る女性差別を描いているドラマとして、『ロマンスは別冊付録』(2019年)があげられます。基本的にはラブコメ要素の強い作品ではあるのですが、実は主人公の設定が興味深いのです。主人公のカン・ダニは高学歴でかつてはコピーライターとして、輝かしいキャリアをもっていました。出産と育児を機に仕事を辞め、専業主婦になりますが、その後離婚することに。そこで再就職先を探しはじめますが、7年というブランクを理由に断られ続け、ついには面接官の女性社員から「私は仕事も育児もがんばった。今さら再就職なんかしないで」と嫌味をいわれてしまいます。結局かのじょは学歴を高卒と偽ることで、出版会社の雑用係として採用されるのですが、出産と育児を経た女性の再就職がいかに難しいかをうまく描いた作品といえるでしょう。

現代を舞台にしたドラマだけではなく、時代劇にも韓国のフェミニズムをはじめとするジェンダー観が反映されています。韓国では『宮廷女官チャングムの誓い』(2003年)に代表されるように、自らの手で未来を切り開く女性を主人公にしたドラマが早い時期から登場していました。『トンイ』(2010年)や『奇皇后』(2013年)もその一例といえるでしょう。しかし近年は、よりキャラクターの多様化が進んでいるのです。たとえば2021年に放送された『シュルプ』では、女装を心の拠り所にしているキャラが登場。今まで時代劇ではあまり扱われてこなかったマイノリティを取り上げている設定は、多くの視聴者にとって新鮮かつ印象的なものになりました。このように過去を舞台にしつつ、現代的な価値観を反映させている時代劇は、今後ますます増えていくことが期待されています。

韓国ドラマと韓国社会

実在した事件や出来事をテーマにする韓国ドラマも最近は多く

登場しています。その代表作が、2021年にNetflixで配信された『D.P.——脱走兵追跡官』です。本作のテーマは「韓国の軍隊」で、「D.P.」とは脱走した兵士を追跡する軍内部の組織の名前を指しています。このドラマの舞台が2014年であることから、漣川後任兵暴行致死事件と江原道高城郡兵長銃乱射事件の二つの事件をモデルにしているといわれています。立て続けに発生したショッキングな事件によって、軍隊のいじめや暴行が問題視されるようになり、軍隊の改革が行われるきっかけにもなりました。

　2022年に放送され世界中でブームとなった『ウ・ヨンウ弁護士は天才肌』もまた、実在した事件をテーマにしているといわれています。老夫婦の暴行事件や三兄弟の対立など、各回で登場する事件の多くは、実際に起きたものをベースとして描かれています。ほかにも、『模範タクシー』(2020年) や『未成年裁判』(2021年) など、さまざまな作品が社会に影響を与えた事件を題材に選んでいるのです。

　社会が韓国ドラマに与える影響もある一方で、逆に韓国ドラマが社会に影響を与える場合も見られるようになりました。2021年に放送された『賢い医師生活 シーズン2』では、臓器提供に関するエピソードが取り上げられました。これが大きな反響を呼び、臓器提供の手続きを詳細に描いた第7話の放送後には、新たにドナー登録する人が前年同時期の11倍にも増加したそうです。

　また先ほども触れた『ウ・ヨンウ弁護士は天才肌』では、クジラ好きの主人公のヨンウが水族館でのクジラやイルカの飼育に反

対する描写がよく見られます。これを受けて、2022年8月に韓国の海洋水産部の長官は、17年ぶりに水族館で飼育しているミナミハンドウイルカを海に戻すという計画を発表しました。

　このように韓国ドラマはドラマの枠を越え

て、実際の社会にも大きな影響を与える存在になりつつあるのです。

韓国ドラマから考える南北分断

韓国ドラマのなかで描かれるメジャーなテーマとして、南北分断があります。世界的に大ヒットした『愛の不時着』(2019年)をはじめ、2023年に大きな話題を呼んだ『ムービング』、映画だと『シュリ』(1999年)や『モガディシュ 脱出までの14日間』(2021年)など、さまざまな作品がテーマに扱ってきました。韓国の徴兵制度が南北分断に由来することを考えれば、先ほど触れた『D.P.──脱走兵追跡官』も、南北分断をテーマにしている作品と考えることができます。こうした作品の数々から、朝鮮半島の人びとがどのように南北分断を捉えているのか、その一部分を知ることができます。

しかし、朝鮮半島の南北分断ははたして朝鮮の人びとだけに関わる問題なのでしょうか。ただ南北分断を「朝鮮人にとっての悲劇」として捉えるのではなく、もう少し踏み込んで「なぜ南北分断が起きたのか」を考える必要があると思うのです。歴史をたどってみると、朝鮮半島が分断されてしまった背景には、日本の植民地支配があります。まず日本の植民地支配がなければ、朝鮮は米ソによって分割占領されることはありませんでした。そして、日本は植民地支配の遂行のために「親日派」を育成して朝鮮人社会を分裂させました。これが分断を引き起こす一つの要因となったのです。このように考えると、南北分断は朝鮮半島と米ソだけの問題ではなく、日本とも深く関わっている問題であることがわかります。すなわち、日本による植民地支配の延長線上にある問題として考えることが求められているのではないでしょうか。「現在の対立を生み出した当事者」としての視点をもてば、ドラマや映画で描かれる南北分断の見え方が少しずつ変わってくるかもしれませんね。

(滝波)

韓国ドラマペンのわたし

わたしが朝鮮半島の歴史を学ぼうと思ったのは、コロナ禍で出会った
韓国ドラマがきっかけでした。それまで日本のドラマばかり見ていたわたしには、
韓国ドラマの壮大な世界観が衝撃的で、
すぐさま"ドラマペン"になりました（ペンとはファンのことを指す）。
ここでは韓国ドラマを通じてわたしが考えたことをお話しします。

滝波明日香

「反日」ドラマへのモヤモヤ

　ある日、いつものようにSNS上でおもしろそうな韓国ドラマを探していると、「このドラマは反日だ！」と評価されているドラマを見つけました。しかもよく見てみると、同じような口コミをしているのが数人いるのです。どういうことなのか気になって、すぐさまその作品を自分でも視聴してみました。数話鑑賞した時点で、その口コミが意味していることがなんとなく理解できました。要するに近代日朝関係史を扱った物語で、登場する日本人が「悪役」として描かれており、このことに反発して「反日ドラマだ」と評価していたのです。たしかに作品を視聴していたわたしも、日本人の描かれ方にモヤモヤしまし

た。しかしそれ以上に、「モヤモヤしてしまっている自分自身」にもモヤモヤしてしまいました。ただこのときは「モヤモヤ」の正体を見つけることができず、途中で考えるのをあきらめてしまいました。そして、巷でいわれる「反日ドラマ」をこれ以上見るのをやめようと思い、意図的に避けはじめました。

モヤモヤを放置していいの？

　しばらくたって、WEBメディアの編集バイトを始めることにしました。好きな韓国ドラマの記事を担当できることもあり、とても充実した日々を送っていました。ある日、

おすすめの韓国ドラマを紹介している記事で、作品のランキングを精査する業務を手伝うことになりました。ランキングを見てみると、わたしが以前自分が見てモヤモヤしたあの作品も含まれていたのです。そこでなに気なく「この作品、反日ドラマっていう人もいるので、紹介の仕方に注意したほうがよいかもしれません」と口にしてしまいました。後日編集されたランキングを確認してみると、わたしが指摘した作品はランキングから除外されていました。この瞬間、自分がなに気なく発した言葉で作品が除外されてしまったこと、しかも作品単体の評価ではなく「反日だから」という理由で外されてしまったことに罪悪感を覚えました。同時に、都合の悪いことから目を背けていた自分の姿勢が恥ずかしくなりました。そんなときに加藤ゼミが制作した『「日韓」のモヤモヤと大学生のわたし』（大月書店、2021年）をたまたま見つけて読んでみました。読んでみると今まで言語化できずにいたモヤモヤの正体が少しずつクリアになっていき、「わたしが知りたかったことはこれだ！」と思いました。そして「もっと「日韓」の歴史を知りたい、自分のモヤモヤにちゃんと正面から向き合いたい」と思い、加藤ゼミへの参加を決めました。

わたしのモヤモヤの正体

　ゼミで少しずつ勉強していくなかで、自分のモヤモヤの正体が「朝鮮半島を植民地化していた日本」という歴史を理解できていなかったために芽生えた感情であることに気づきました。そして学べば学ぶほど、「加害の歴史を学ぶこと」の重要性を実感していきました。そんなある日、たまたま視聴していたドラマが日本軍「慰安婦」問題をテーマにしていました。それまでTwitter（現X）をはじめとするSNSでもそのドラマの評判がよく、わたし自身も楽しく視聴していました。しかし「慰安婦」を扱った回が配信された途端、「このドラマは反日だ」という批判コメントの数々で埋め尽くされてしまいました。タイムラインの風向きが変わった瞬間をもろに体験したわたしは、恐怖に近い感情に襲われました。

　さらに衝撃的だったのは、「反日っぽい演出もあるけど、全体的にいい作品だよね」「反日の演出さえなかったら

よかったのに」と一見作品を肯定しているように見えて、結局は「反日ドラマだ」と評価している口コミが想像より多かったことです。ドラマを通して訴えようとしていたメッセージを、日本の視聴者がこのように受けとめていいのか。これはある種の「歴史否定」なのではないか。一連の出来事を通して、今の日本人がもっている歴史観が非常に危ういものであるという現状を突きつけられた気がしました。「もっとちゃんと勉強をしないと」と、今までの自分がもっていた思いがより強くなった瞬間でした。

今この原稿を書いている時点で、ゼミに入ってからは1年半ほどがたちました。当初韓国ドラマをはじめとするエンタメにしかなかった興味関心は、今では韓国におけるフェミニズム運動や性売買の歴史、さらには植民地下の朝鮮人の生活などにまで広がりました。実はゼミに入ろうと思った当初、「朝鮮半島の歴史を学ぶと、今までみたいにドラマが楽しめなくなるのでは」と漠然とした不安感がありました。しかし実際に学びはじめるとそんなことはなく、ドラマや映画の背景や設定がより理解できるため、むしろ学びはじめる前よりも楽しめています。だから、もしわたしと同じように、学びはじめることへの不安を感じている人がいれば、そこは安心してほしいなと思います。

モヤモヤを共有する大切さ

ここまで歴史を学ぼうと思ったきっかけや、学びはじめてからの認識の変化を振り返っていくなかで、自分はすごく恵まれているなとあらためて思いました。というのも「歴史を学びたい」と思ったとき、その願いがかなえられるゼミがある大学にたまたま所属していて、さらにそのゼミには同じようなモヤモヤを抱えている仲間たちが多くいたからです。ただこうした環境は、モヤモヤを抱えているすべての人にあるわけではありません。モヤモヤを抱えていても、歴史が学べる場所が近くになかったり、モヤモヤを語り合える仲間がいなかったり。場合によっては勇気を出してモヤモヤを話しても、それを否定されてしまったケースもあるでしょう。だからこそ、本書を通して歴史を少しでも多くの人に伝え、モヤモヤを共有する輪を広げていきたいと思っています。いつかこれを読んでくださっているあなたのモヤモヤが聞ける日を願って、わたしも引き続きがんばっていきます。

10

活気あふれる
若者の街

シンチョン　　　　　　　　ホンデ
新村・弘大エリア

ソウルーの有名学生街

新村・梨大
シンチョン　イデ

2号線の通る新村は、名門大学である延世大学、梨花女子大学、西江大学が近くにある学生街です。駅周辺には学生向けの安くて美味しいグルメも集まっています。新村で韓国の大学生気分を味わってみましょう！〈熊野・藤田〉

アクセス
・2号線
新村駅・梨大駅

1 メインストリート

　新村駅から延世大学までのびる通りが新村のメインストリート！ おしゃれなお店やカフェ、アパレルショップなどが並んでいます。現代百貨店U-PLEXの前にある赤い望遠鏡のようなオブジェは定番待ち合わせスポットになっていて、周辺では若者の路上パフォーマンスも楽しめちゃいます！

2 TAO麻辣湯
マーラータン

　夕方の早い時間から行列ができるほどの、麻辣湯の人気店。ほかの麻辣湯のお店と同じく具材は好きなものだけを選んで入れることができ、辛さも選べるので安心。スパイスが効いていて、体が温まります！ カウンター席があり、一人で来ている人も多く見られます。

絶賛流行中！

3 吉祥ヤンコッチ
キルサン

　韓国で人気の延辺朝鮮族の料理がヤンコッチ（羊肉の串焼き）。吉祥ヤンコッチも新村の数あるヤンコッチ店の一つです。火の上でヤンコッチを自動で回転させて食べます。青島ビールとの相性もバツグンです！

羊肉の串焼きがやみつきに！

- 5 延世大学
- 7 梨花女子大学
- 9 ブックカフェバオ
- 吉祥ヤンコッチ 3 2
- 1 メインストリート
- TAO麻辣湯
- 8 梨大の「平和の少女像」
- 4 現代百貨店
- 梨大駅
- 新村駅
- 6 李韓烈記念館

4　現代百貨店

新村には韓国の三大百貨店の一つである現代百貨店もあります。2号線新村駅が百貨店の地下2階に直結していて、アクセスも便利。ファッション、化粧品はもちろん、食品売り場も充実しています。また、百貨店の地上4

階、地下2階にある連絡通路からは、新館のU-PLEXに行くことができます。本館よりもお手頃な価格の若者向けのお店が充実しています。12階にある「ARC・N・BOOK」は、かわいい雑貨も売っているおしゃれな本屋さん。朝鮮語の勉強のお供に、すてきな本を探してみましょう！

5　延世大学

1885年に設立された朝鮮最初の西洋式病院である広恵院（クァンヘウォン）にその歴史が始まり、植民地期の延禧専門学校を前身とする名門大学です。きれいなキャンパスで有名で、多くのドラマのロケ地にもなっています。訪問して学生気分を味わうのもおすすめ！

8　梨大の「平和の少女像」

梨花女子大学近くのテヒョン文化公園角の道沿いに設置されている「平和の少女像」。日本軍「慰安婦」被害者を記憶するためのモニュメントとして、ソウルだけでなく韓国各地で学生や市民が像の建立に関わっています。こここの「平和の少女像」は梨花女子大学も含めたさまざまな大学の学生によって設置されました。青い蝶の羽が生えているのが特徴的です。

9　ブックカフェパオ

梨大駅から梨花女子大学まで続く道の途中にある、居心地抜群の隠れ家的カフェ。スターバックスのある建物に裏から入り、2階に上がると入口があります。芸術関係の本が多く、画集や写真集もあるため朝鮮語がわからなくても楽しめます。パスタやピザなどフードメニューも豊富！

勉強や仕事にもぴったり

6　李韓烈記念館（イ・ハニョル）

1987年6月、軍事独裁からの民主化を求めたデモのさなか、警察からの催涙弾を受けて、のちに死亡した当時延世大生の李韓烈を記念する博物館。この事件を機に学生と市民の一体感が増し、同月29日の民主化宣言を引き出した6月民主抗争につながりました。李韓烈の運動や6月民主抗争を描いた映画『1987、ある闘いの真実』（2017年、チャン・ジュナン監督）もおすすめです。

7　梨花女子大学

梨花女子大学は、1886年に設立された梨花学堂が母体となった大学です（58頁）。建物が美しく、キャンパスを歩くだけでも楽しい気分になります。2016年には、学部の新設に反対する学生たちがデモを行い、そこで、少女時代の「Into The New World」が歌われたそうです。この曲は、韓国内外で「連帯の歌」として歌い継がれています。「特別な奇跡を待たないで」「この世界のなかで繰り返される悲しみにはもうアンニョン（バイバイ）」といった歌詞が、声をあげる多くの若者を支え、勇気づけてきたのです。

サブカルファンも必見！
弘大・延南洞
ホンデ ヨンナムドン

若者が多く集まりサブカルカルチャーを楽しめる街、弘大。ショッピングを楽しめるほか、連日歌やダンスのライブも。弘大からすぐの延南洞はカフェと雑貨屋が並ぶおしゃれな街。（朝倉）

アクセス
・2号線　京義中央線
　空港鉄道　弘大入口駅

1 京義線スプキル（森の道）

京義線とは「京城」（ソウル）と新義州を結ぶ鉄道で、日本が朝鮮半島を支配し軍事的に利用するために敷設されました。日本は、1904年に敷設権を奪い、強権的に土地を確保し、朝鮮人労働者を酷使して建設を遂行し1906年に全線開通させたのです。その後、分断により南北間運行が中止されました。京義線スプキルは鉄道の一部区間地下化にともないつくられた公園で、一部当時のレールや踏切が再現されており、自然を楽しみながら散策をすることができます。

2 object

京義線スプキルを歩いていると途中で見える雑貨屋さん。地下1階から2階までの大きなお店です。地下1階はギャラリーになっていて、たくさんの種類のアクリルスタンドを組み合わせて自分だけのアクリルスタンドをつくることも。1階と2階はさまざまなブランドの雑貨やアクセサリーを扱っていて、選ぶのに迷ってしまうほど。

3 AK &

弘大入口駅からすぐのショッピングセンターでコスメやファッション、グルメが楽しめます。若者に人気のファッションブランドや雑貨屋も。

⑪ Cafe Layered
⑫
MARGARET
⑩ SEOUL PASTRY
⑨ ANTIQUE COFFEE
⑧ ネコのいる額縁店
京義線スプキル（森の道）①
③ AK &
弘大入口駅
歩きたい通り ④
object ②
ファッション通り ⑤
⑦ Monster Cat
⑥
KT&G サンサンマダン

④⑤を中心としたのが弘大エリア、⑧〜⑫のあたりが延南洞エリアです

4 歩きたい通り

毎日のようにダンスや歌のライブなどが行われている通りで、韓国のサブカルチャーを感じられます。特に週末は多くの人でにぎわっていて、タンフル（フルーツあめ）の屋台なども楽しめます。

⑤ ファッション通り

弘大といえばファッション通り! 安くてかわいい洋服のお店やアクセサリー・雑貨屋さん、コスメのお店などが並ぶ通りで、ショッピングにぴったり。平日でも多くの観光客でにぎわっています。

⑥ KT&G サンサンマダン

ファッション通りを少し進むと見えてくる複合ビル。1階と2階でさまざまな雑貨を扱っていて、ぬいぐるみや文房具など韓国っぽい雑貨、食器などがたくさん並んでいます。

⑦ Monster Cat

猫をモチーフにしたデザートや飲み物が楽しめるカフェ。デザートの味はもちろん、店内を見ているだけでも癒されます。猫好きさんは必見です。

猫の氷がかわいい!

⑧ ネコのいる額縁店

延南洞に位置する猫の雑貨をメインに扱う雑貨屋さん。ポストカードやステッカーから食器までさまざまな猫の雑貨を扱っていて、こちらも猫好きさんは必見!

Meow

⑨ ANTIQUE COFFEE

大通りに位置する店内がとにかくかわいいカフェ。クロワッサンが有名で、ほかにもケーキなどがたくさん!飲み物の代表メニューはダーティ&コーヒーでこちらも見た目がおしゃれです。

⑩ SEOUL PASTRY

カフェ激戦区の延南洞に位置するクロナッツ（クロワッサンとドーナツを合わせたもの）を楽しめるカフェ。定番のミルククリームから桃クリーム、抹茶、クレームブリュレなど種類が豊富です。

⑪ MARGARET

延南洞のなかでもおしゃれなカフェが多く集まるエリアに位置するカフェ。代表的なメニューは四角いキューブパイで抹茶、チョコ、ミルク、黒ゴマ、ピスタチオなど種類が豊富で選ぶのに迷ってしまいます。キューブパイのほかにもカップケーキやスフレケーキなども。

⑫ Cafe Layered

ヨーロッパの家庭をコンセプトにしたレンガづくりのおしゃれなカフェ。スコーンが人気で、種類も豊富。かわいいグッズも売られていて、延南洞のほかにも安国やザ・現代ソウルにも店舗があります。

まるでヨーロッパにいる気分に!

一度は行きたい！
隠れ家的博物館紹介③

戦争と女性の人権博物館
入り口

戦争と女性の人権博物館
近くの壁に描かれた絵

　弘大（ホンデ）からバスですぐに行ける「戦争と女性の人権博物館」。博物館に向かう道の途中にはハルモニ（朝鮮語で「おばあさん」の意味でサバイバーのことを指す）たちの姿やナビ（蝶々）の絵が描かれている壁画があります。さらに進むと博物館が見えてきます。

　戦争と女性の人権博物館は正義記憶連帯（以下、正義連）が運営にあたり、「日本軍「慰安婦」サバイバーが経験した歴史を記憶し、教育するとともに、日本軍性奴隷制問題解決のために活動している空間」です（同博物館ウェブサイト）。常設展示は3部構成で、1階でチケットと音声ガイド（朝鮮語・英語・日本語いずれか）を受け取ってスタート。第1部は「過去、その重かった時間」というテーマで博物館の建物の外から階段を降りて地下の展示室へ。地下ではチケットに描かれたハルモニの映像が映し出されます。第2部は「過去と現在の出会い」。2階の展示室で日本軍「慰安婦」制度の歴史、解決運動について知ることができます。ハルモニたちの実際の映像や写真、使っていた遺品なども。第3部は「現在を乗り越えて未来に向かって」。1階の展示室で世界

で起こっている戦時性暴力について学ぶことができます。常設展示を見終わったら庭を通って外の地下展示室へ。ベトナム戦争時の韓国軍による性暴力についての展示があり、被害だけではなく加害の視点でも展示を行っているのです。

そもそも日本軍「慰安婦」問題ってなに？

では、そもそも日本軍「慰安婦」問題はどのような問題なのでしょうか。

日本軍「慰安婦」制度とは、日本の陸軍・海軍が1932年から45年までの間に女性たちに日本軍の軍人・軍属の性の相手をさせるためにつくった制度のことです。日本軍は戦線の拡大とともに各地に軍「慰安所」をつくりました。日本軍「慰安婦」問題というと「日韓」の問題だと考えている人もいるかもしれませんが、日本人・朝鮮人・台湾人・中国人・フィリピン人・インドネシア人・オランダ人など多くの女性たちが「慰安婦」にさせられたのです。多くの女性たちが「お金を稼げる」「食堂で働く」などと騙されたり、暴行や脅迫によって連れていかれたりしました。

連れていかれた女性たちは、「慰安所」でどのように過ごしたのでしょうか。まず、女性たちは決められた場所に住まなければならず、外出の自由もありませんでした。決められた狭い部屋で

戦争と女性の人権博物館内
にある追悼の場

一日に数十人もの軍人たちの性の相手をさせられ、拒否すれば殴られたり蹴られたりと身体的な暴行も日常茶飯事でした。また、「慰安所」の女性たちには性病検査が義務づけられ、自由にやめることもできませんでした。こうした「慰安所」での生活は女性たちの人権を侵害するものであり、性奴隷状態にあっ

たといえます。そのため、解放後も多くのサバイバーがPTSD（心的外傷後ストレス障害）や身体的な後遺症に悩まされました。

　では、1945年の日本の敗戦によって「慰安所」にいた女性たちはどうなったのでしょうか。たとえば朝鮮人女性の場合、多くが戦地に置き去りにされました。なんとか自力で帰国した女性もいますが、その場で逃げ惑い亡くなったり、帰国できずに現地に残った女性もいます。また、帰国できたとしても韓国社会がサバイバーたちに向ける視線は厳しいものでした。こうしたことからもサバイバーたちの苦痛は45年の解放によって終わったわけではありませんでした。

サバイバーの登場と日本軍「慰安婦」問題解決運動

　社会的に沈黙を強いられてきたサバイバーたちでしたが、大きな転換点となったのが1991年の金学順ハルモニの証言でした。それまでに証言がなかったわけではありませんが、実名で公開証言をし、日本政府に補償を求めて提訴するなどの金学順ハルモニの行動により、韓国だけではなく各国の被害者が証言を始めました。それにより、各国で解決運動が起こり、サバイバーたちとともに活動するようになりました。韓国では、正義連の前身である挺身隊問題対策協議会（挺対協）が現在まで活動を続けてきました。その活動の一つが毎週水曜日に行われている水曜デモです。

1992年1月8日に日本大使館前で始まった水曜デモは真相究明、公式謝罪、法的賠償などを求めて現在も続いており、その1000回を記念してつくられたのが「平和の少女像」（正式名称は「平和の碑」）です（52～53頁）。

戦争と女性の人権博物館の壁に貼られた観覧者のメッセージ

　しかし近年、この水曜デモと

戦争と女性の人権博物館内の
ベトナム戦争時の
韓国軍による性暴力に関する展示

少女が描かれた壁と
砂利道

「平和の少女像」が日本からだけではなく韓国の人びとの一部からも攻撃を受ける状況があります。水曜デモの隣で日本軍「慰安婦」制度はなかったなどの横断幕を掲げてデモを妨害する人びとが現れたのです。その影響でもともと水曜デモは「平和の少女像」の前で行われていましたが、現在（2023年9月）は少し離れた場所で行われています。また、「平和の少女像」には少女の隣に空いた椅子があり、自由に座って一緒に写真を撮ることができました。しかし、現在は警察の柵に囲まれ、椅子に座ることができない状態なのです。

　2023年9月はじめには南山の統監官邸跡にあったサバイバー追悼のための空間「記憶の場」（40頁）のモニュメントをソウル市が撤去しました。撤去の理由は、モニュメントの設置に関わった美術家が性暴力で有罪判決を受けたことでしたが、正義連は「記憶の場」のモニュメントが作家個人の作品というよりはほかの女性作家や市民が参加してつくった場所であることを指摘し、ソウル市の決定は美術作家スキャンダルを口実に日本軍「慰安婦」問題の歴史を否定しようとしていると批判しています。撤去の際には正義連などが撤去反対の行動もしましたが、結果的に撤去されてしまいました（こうした韓国の現状については158〜159頁）。

（朝倉）

ソウル市内の
「平和の少女像」をめぐろう

● 緑莎坪駅近くの 「平和の少女像」
<small>ノクサピョン</small>

<small>イテウォン</small>
　梨泰院から一駅の緑莎坪駅3番出口を出て進むと見えてくる「平和の少女像」は2017年に龍山の市民たちの手<small>ヨンサン</small>で建てられたもの。説明版には「平和を愛する心で、人権を尊重する心で、長く外国軍の駐屯地であったここ龍山に龍山の市民たちが一つの心で、一つの意志でこの碑を建てます」と書かれています。

● 往十里駅近くの 「平和の少女像」
<small>ワンシムニ</small>

　往十里駅4番・5番出口からすぐの場所にある「平和の少女像」には、三つの門と像があり非常に特徴的です。三つの門はそれぞれ「希望の門」「歴史認識の門」「共感の門」でその隣には手に鳩がとまっている立つ少女の像、座っている少女の像、そして金学順ハルモニの像が建てられています。

　ほかにもソウル市内だけでも多くの「平和の少女像」があります。ぜひ観光を楽しみながら一緒にめぐってみてください。（朝倉）

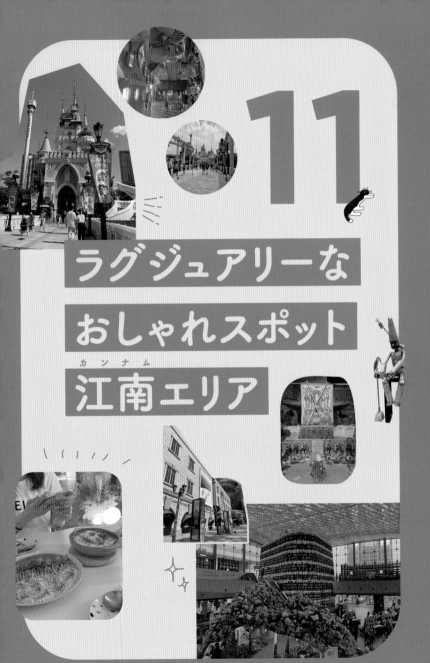

11

ラグジュアリーな
おしゃれスポット
江南エリア
（カンナム）

まるでセレブ気分!?
江南エリア
カンナム

漢江を境にして南側のエリア、江南。ショッピングに最適の高級感漂うエリアです。芸能事務所も多くあるので、推しと遭遇できる可能性も?!
(藤田)

① ソウルウェーブアートセンター

漢江に浮かんでいる複合文化空間。BTS「Butter」のMVに登場したり、NCTの新ユニット、ドジェジョンがデビューを記念するショーケース（新曲を披露するイベント）を行ったりした場所でもあります。なかにはスターバックスも入っていて、漢江を眺めながらほっと一息できます。

② 狎鴎亭ロデオ通り
アックジョン

百貨店やブランドショップの並ぶ、ソウル屈指の高級繁華街。狎鴎亭ロデオ駅2番出口を出てすぐのところにある「韓流スター通り」には、BTSやPSY、EXOなどをイメージしたクマのマスコットが並んでいます。

③ カロスキル

朝鮮語で「街路樹通り」という意味のカロスキル。新沙駅8番出口から3分ほど直進すると、左手に名前のとおりの街路樹通りが現れます。落ち着いた雰囲気の服屋やアクセサリーショップが立ち並び、ゆっくり歩きながらのショッピングにおすすめです。

140

④ BTSの「聖地」

　江南エリアには、メンバーたちが通った「ユジョン食堂」や宿舎がリノベーションされてできた「カフェヒュガ」などBTSの「聖地」があります。どちらもメンバーたちの写真が多く飾られていて、ファンならテンション上がること間違いなし！

ユジョン食堂

パープルグリーンエイド

カフェヒュガ

⑤ 江南駅

　2号線と新盆唐線の駅。地下には、江南駅地下ショッピングセンターがあり、服や化粧品を安く買うことができます。2016年には、江南駅近くのトイレで女性が殺害される事件が起きました（詳しくは142〜143頁）。

⑥ コエックスモール

　2号線三成駅、9号線奉恩寺駅から直結の大型ショッピングモール。「星の庭」を意味する「ピョルマダン図書館」やセレクトショップ「ALAND」などがあります。

⑦ 蚕室総合運動場

　2号線・9号線総合運動場駅の目の前にあります。敷地内には、オリンピック主競技場や、蚕室室内体育館があり、アイドルのライブもよく行われます（詳しくは145頁）。

ピョルマダン図書館

⑧ ロッテワールドアドベンチャー

　2号線・8号線蚕室駅から直結の遊園地。屋内エリアと屋外エリアに分かれているので、天気を気にせず楽しめます。建物の天井部分を一周する気球型のアトラクションや、ジェットコースターなどが人気。グルメも豊富です。

ロッテワールドタワー

⑨ オリンピック公園

　敷地内にKSPOドームやオリンピック水泳場のある大型公園。「漢城百済博物館」では、百済の歴史を学ぶことができます。すぐ近くにはJYPの事務所も（99頁）。

世界平和の門

大法院　2号線瑞草駅の近くには大法院（最高裁判所）があります。ここでは2018年、「徴用工」問題（強制労働問題）に関して、日本の朝鮮植民地支配は不法であり、1965年の日韓請求権協定（96頁）で「解決された」とする請求権の対象に反人道的な不法行為による人権侵害に対する慰謝料請求権は含まれていないとして、被告の日本企業に被害者への慰謝料支払いを命じる画期的な判決が出されました。

平日も人であふれる江南駅（カンナム）

平日でもショッピングや美容のために訪れた観光客などでにぎわう江南駅。
そんな江南駅は韓国のフェミニズムにとって重要な意味をもっています。
江南駅のもつ意味、韓国のフェミニズムの展開について見てみましょう。

江南駅10番出口と
江南駅女性殺人事件

　2016年5月17日、江南駅10番出口から徒歩約10分のビルの共有トイレで20代の女性が面識のない男性に刃物で殺害されるという事件が起こりました。犯人が「日頃から女性に無視されていた」と語っていたこと、犯人が1時間以上トイレに居座り、その間に何人もの男性がトイレを利用したにもかかわらず殺害されたのは最初に利用した女性だったことから、この殺人事件は女性嫌悪（ミソジニー）による「フェミサイド」であるとの声が高まりました。女性たちは「自分も殺されていたかもしれない」「自分は運よく生き残っただけだ」との思いを抱き、事件の翌日から江南駅10番出口の壁に多くのポストイットのメッセージを貼り、花などを供えました。このポストイット運動は全国各地に広まり、江南駅では追悼集会や女性たちが経験を語る集会なども開催されました。一方で、メディアはこの事件を「通り魔殺人」と

江南駅10番出口

2023年5月17日に開かれた追悼集会

呼び、警察は犯人の男性が統合失調症を患っていたため女性嫌悪による殺人とはいえないとの立場を表明しました。また一部の男性たちは「すべての男性を潜在的な犯罪者とみなしている」と憤慨し、江南駅でプラカードを持って抗議することもありました。とはいえ、この江南駅女性殺人事件は韓国社会、特に女性たちに大きな影響を与え、その後のフェミニズム運動につながる転換点となりました。

性平等図書館「ヨギ」

　江南駅10番出口や全国各地で貼られたポストイットを保管し、その一部を展示しているのが汝矣島のすぐ近くにある性平等図書館「ヨギ」です（1号線・新林線大方駅から徒歩3分）。朝鮮語で「ここ」を意味する「ヨギ」

性平等図書館「ヨギ」のなかにある記憶ゾーン

は、女性（ヨソン）に関する記録（ギロッ）や記憶（ギオッ）する場所をつくろうという趣旨で2015年7月に開かれた施設で、女性やフェミニズムに関する本などが並び、椅子やクッションに座ってゆっくりと本を読むことができるスペースになっています。そんなヨギのなかには「記憶ゾーン」という場所があり、ここで江南駅女性殺人事件当時貼られたポストイットの一部が展示されています。収集されたポストイットは3万7109枚にものぼり、すべてがアーカイブ化されてウェブサイト「性平等アーカイブ」（http://genderarchive.or.kr）で見ることができます。

韓国フェミニズム運動から学ぶ

　韓国では、2015年からフェミニズム運動が特に若い女性たちを中心に盛り上がりました。この年に10代の少年がTwitter上で「僕はフェミニズムが嫌いです」と発言したことを受けて、「#私はフェミニストです」というハッシュタグをつけて投稿する運動が始まりました。そして同年、韓国でMERS（中東呼吸器症候群）の感染が広がりましたが、その最初の患者が香港から帰国した女性であったとする誤報により、「日刊ベスト」（略して「イルベ」と呼ばれる匿名のオンライン掲示板）などで女性嫌悪の書き込みが相次ぎました。これに対して女性たちが中心となりコミュニティサイト「メガリア」がつくられ、「ミラーリング」という手法で女性嫌悪発言を男性に置き換えはじめました。また、100万人を超える会員を有していたポルノサイト「ソラネット」を閉鎖に追い込むなどの成果を上げました。

　2017年に始まり、2018年に盛り上がった運動として「脱コルセット」（以下、脱コル）運動があります。ここでいう「コルセット」とは社会が女性たちに押しつける女性性のことで、脱コル運動では壊された化粧品や短い髪などの写真とともに「#脱コルセット認証」などの投稿がなされました。この脱コル運動の参加者は10代を中心とする若い女性が多く、学生も化粧をして着飾ることがふつうになっていた社会状況を実践の形で壊していったのです。

　この脱コルと同時期の2018年に始まったのが#MeToo運動です。韓国では2018年1月の徐志賢（ソジヒョン）検事による告発をはじめとして、同年3月には政治家に対する#MeTooが相次ぎました。これ以降文化芸術界、特に演劇界を中心に#MeTooが起こり、宗教界・スポーツ界・学校などにも広まりました。#MeToo運動は性暴力、そしてそれにとどまらないジェンダーの問題を提起してきました。

　韓国と日本では歴史や文脈、現在の状況が異なるため、韓国の運動をそのまま日本で実践すればいいというわけではありません。しかしそこから学び、今の日本社会でわたしたちがするべきことを探していくことが重要ではないでしょうか。

このようなフェミニズム運動を通して、女性たち自らの力で社会を変えようとする連帯を生んできたといえるでしょう。　　　　　（朝倉）

K-POPの「聖地」

オリンピック主競技場

アクセス 2・9号線　総合運動場駅

　1988年に開催されたソウルオリンピックの主競技場では、BTS など多くのK-POPアイドルのライブも行われてきました。主競技場の横にある「スターの道」には、BTSやソ・テジ、SHINHWA などの手形が展示されています。推しと自分の手の大きさを比べてみるのもいいですね。

　「スターの道」には孫基禎というマラソン選手の像があります。孫は、植民地下の朝鮮に生まれ、1936年のベルリン五輪に日本代表選手として出場し、優勝を飾りました。これは日本の勝利として語られた一方、朝鮮人に民族としての希望を与えました。朝鮮の新聞社である『東亜日報』は孫のユニフォームの「日の丸」を消した写真を掲載して抵抗しましたが、朝鮮総督府は『東亜日報』に発行停止処分を下しました。

　1988年9月17日、オリンピック主競技場では、ソウルオリンピックの開会式が行われました。聖火リレーの走者として競技場へと入ってきたのは、75歳となった孫基禎です。トラックを走るかれの姿を見て、当時の人びとはなにを思ったでしょうか。

（藤田）

孫基禎の銅像

BTSの手形

意外性の連続　永登浦・文来洞

江南エリアとは離れていますが、最後に紹介しておきたい場所があります。
知る人ぞ知る文来洞です。
文来洞の最寄り駅は文来駅ですが、
歴史的背景をおさえるために今回は永登浦駅から出発してみましょう。

アクセス 1号線　永登浦駅、2号線　文来駅

タイムズスクエアの横の建物は？

　永登浦駅に直結するタイムズスクエアはこの地域を代表するランドマークで、百貨店・映画館・レストラン・ホテルなどが立地している韓国最大級の複合ショッピングモールです。タイムズスクエアの裏側には、今はベーカリーとして運営されている赤レンガの建物があります。近づくと案内板が立っていて、そこには「永登浦旧京城 紡織 事務棟」と書いてあります。

　永登浦一帯は1900年前後に鉄道が通過することになって「発展」し、「韓国併合」以降、特に第一次世界大戦を経て工業地帯として注目されました。そして、1930年代に本格化する日本

旧京城紡織事務棟

の大陸侵略をきっかけに朝鮮で工業化政策が実施され、永登浦は名実ともに工業地帯となりました。朝鮮の工業化

は日本の必要によって実施されたので、永登浦の工場もほとんど日本人によって建てられました。ところが、1923年に朝鮮人企業の京城紡織株式会社が永登浦工場を建設したのです。その場所が今のタイムズスクエア（①）のあるところです。

京城紡織株式会社は朝鮮人企業のなかでは例外的に大規模でした。

植民地期にこのような朝鮮人企業が設立されたことに驚かされますが、しかし朝鮮人が企業を運営するにあたっては日本の植民地支配に協力しなければなりませんでした。京城紡織株式会社を設立した金性洙をはじめとする朝鮮人の多くは、日本の植民地支配を許容し、そのなかで「自治」を要求する勢力でした。この勢力は植民地末期になると、戦争を支持する発言をするなど植民地支配と戦争に積極的に協力する傾向を見せますが、その目的は自らの財産と勢力を維持することにありました。このような京城紡織株式会社であったからこそ、朝鮮総督府から補助金を受け取って経営を維持し、1939年には満洲に進出して大きな富を蓄積す

ることができたのです。

なお、工業に従事していた朝鮮人労働者が搾取されていたことを指摘しなければなりません。そのため、永登浦をはじめとする工業地帯では労働運動が展開され、労働者を搾取する構造を是正しようとしました。労働者を搾取する構造は本質的に日本の植民地支配により形成されたものであり、植民地期の労働運動は反日本帝国主義運動でもありました。

異色の魅力をもつ文来洞

文来洞の一角は芸術創作村（②）と呼ばれています。しかし、実際に行ってみると予想とは違って鉄工所ばかり

鉄工所と芸術の共存

営団住宅団地

が並んでいます。でもよく見てください。路地のすみずみに壁画と芸術作品があり鉄工所と共存しています。1960年代から多くの鉄工所が定着した文来洞に2000年代に入って芸術家たちが流入したことで異色の光景がつくられました。このような魅力が知られるようになると、文来洞には食堂とおしゃれなカフェが増えてきました（人気のRUST BAKERY CAFE〔❸〕のあたりのエリアに店が集まっています）。

なぜここに古い住宅団地が？

それでは食堂とカフェが集まっている繁華街から道を渡って地図の❹のと

ころに行ってみましょう。古い団地が広がっています。ここは朝鮮総督府の主導で1941年に組織された朝鮮住宅営団が設立した営団住宅団地です（上から見た写真は8頁）。営団住宅は戦争によって深化した住宅難を改善するとともに、戦争を支える労働者を動員するために設立されました。当時朝鮮は戦争を後方で支える兵站基地として認識されていました。ここに営団住宅が建てられたのは永登浦一帯が有数の工業地帯であったためでしょう。

過去と現在が共存する永登浦・文来洞を歩いてみましょう。　（李）

もっと知りたい
韓国社会

12

韓国留学の一コマ

わたしは、2023年2月から、大学の派遣留学制度を利用してソウルにある大学で朝鮮語と朝鮮近現代史を学んでいます。今この文章を書いているのは9月の半ばで、韓国に来てから約7か月がたちました。まだ3か月ほど残ってはいますが、ここではわたしがどのような留学生活を送っているのか、そのなかでどのようなことを考えたのか、お話しさせていただきたいと思います。

藤田千咲子

不安でいっぱいのスタート

わたしが韓国へ留学に行こうと決心したのは、加藤ゼミに入った頃のことでした。時間がないなかで派遣留学の申請をし、朝鮮語の勉強を始めました。ちゃんと朝鮮語ができるようになるのか。人見知りな自分が友だちをつくることはできるのか。留学が終わる頃、「行ってよかった」と思えるのだろうか。不安な気持ちでいっぱいのまま、留学生活が始まりました。

そんな不安とは裏腹に、わたしは今韓国でとても楽しい日々を過ごしています。朝鮮語で歴史の授業を受けたり、ルームメイトとペダル（出前）を頼んでお話をしながら食べたり、語学堂で出会った友だちと博物館に行った

り、ゼミでタプサに出かけたりと、毎日がかけがえのない経験でいっぱいです。しかし、振り返ってみると、もちろん最初から充実した留学生活だったというわけではありませんでした。

日本軍「慰安婦」問題解決を求めるソウルの水曜デモ。蝶々の形をしたうちわには「法的賠償」と書かれている。

2023年8月13日に開催された PEACE FESTIVAL

「平和ナビ」との出会い

わたしの留学生活がよい方向に変わっていったきっかけは「平和ナビ」だったと思っています（ナビは朝鮮語で蝶々の意）。「平和ナビ」とは、日本軍「慰安婦」問題の解決のために活動する韓国の大学生の連合サークルで、2013年に設立されてから、日本軍「慰安婦」問題について歴史や人権の視点から学ぶセミナー、「水曜デモ」（136頁）の主管・参加、イベントの企画など多様な活動を続けてきました。わたしは、7月から8月にかけて、「平和ナビ」が主催する「PEACE FESTIVAL」のサポーターとして活動に参加させてもらいました。「PEACE FESTIVAL」とは、金学順さんがはじめて日本軍「慰安婦」被害を告発した日を記念し、学生街である新村の一角で行われたイベントです。

6月頃のわたしは、韓国での生活にだいぶ慣れてきた一方で、せっかく韓国にいるのに学校と寮の往復ばかりの日々に「このままでいいのだろうか」と感じていました。そんななかで「PEACE FESTIVAL」のサポーターを募集する投稿をインスタグラムで見つけたとき、「わたしが韓国でやりたいことはこれだ！」と確信しました。朝鮮語にまだ自信がなく迷惑をかけてしまうのではないのかとも思ったのですが、勇気を出して申し込んでみました。

「平和ナビ」での日々

活動が始まってからは、「平和ナビ」の会員の大学生やほかのサポーターズと一緒に水曜デモや勉強会に参加したり、企画の準備をしたりと忙しい毎日でした。わたしは、日本軍「慰安婦」問題の被害者の方々のライフヒストリーをタロットカードを通して伝えるブース企画を担当しました。準備をしながら、日本軍「慰安婦」問題について、被害の瞬間だけではなく、被害者一人ひとりの人生のなかで起きた出来事だという視点で考えることの重要性をあらためて感じました。また、セミナーのなかで自分の意見を朝鮮語で伝えなければならない場面が多く、

最初は言葉につまってしまうことが多かったのですが、まわりの人たちが急かさずに耳を傾けてくれたり、緊張しているわたしにたくさん話しかけてくれたりしたおかげで、穏やかな気持ちで活動ができたと思っています。

そうして迎えた当日は、留学生活において、忘れることのできない大切な一日になりました。学生街で開催されたということもあり、想像以上に多くの人がイベントに訪れてくれました。前日にSNSでこうしたイベントが開かれることを宣伝したのですが、それを見てくれた語学堂の友人が実際に来てくれて、とてもうれしかったです。イベントの最後には、みんなでSEVENTEENの「Together」に合わせてダンスを踊ったり、歌を歌ったりしました。集合写真を撮ったとき、これほどの大学生が日本軍「慰安婦」問題から目をそらさず、ここに来ることを選んだのだなと思うと、一人ひとりがそこにいるということがとても大切なことに感じられ、わたしも勇気を出して申し込んでみてよかったと思いました。

「自分にはできない」？

「平和ナビ」で活動をしながら、印象に残った言葉があります。それは、

はじめて活動に参加した日に会員の一人が話していた「日本軍「慰安婦」問題が解決して早くこの活動をしなくてもよくなる日が来たらいいなと思っている」という言葉です。その言葉を聞いて、わたしは今まで心のなかでは「この問題が本当に解決されることはないのではないか」と思っていたことに気づかされました。同時に、わたし一人が運動に参加したところで、今の状況を変えることはできないだろうとも思っていました。しかし、「平和ナビ」であらためて被害者たちの人生について考え、かのじょたちの思いを引き継いで活動を続ける会員の姿を見て、なにも行動を起こしていないわたしに解決をあきらめる資格はなかったのだと気づきました。そもそも、「あ

PEACE FESTIVALで展示された「平和の少女像」

きらめる」ことを受け入れていたの
は、頭では加害の歴史を学ばなければ
と思いつつも、実際にはそこから目を
そらし、自分のこととして捉えること
ができていなかったということだと思
います。それまでのわたしを振り返っ
てみると、デモや運動に参加すること
の大切さはわかっているつもりでした
が、積極的に運動に参加しているゼミ
の先輩たちの姿を見て、自分にはでき
ないかもしれないと感じていました。
まだまだ勉強不足で知識が足りないわ
たしが行っていい場所だとも思えませ
んでした。しかし、「平和ナビ」の活
動を通して、学びながらでも今の状況
を少しでも変えるために行動を起こす
ことはできるのだと思うようになりま
した。

PEACE FESTIVAL の様子

いると感じています。「平和ナビ」を
通して、日本軍「慰安婦」問題につい
て学べたことはもちろん、わたしのな
かの運動観も大きく変わりました。こ
れからも、この問題から目をそらさず
に小さなことでも活動を続けていけた
らいいと思っています。

この本を読んでくださっているみな
さんのなかには、「運動には参加して
みたいけど、自分が行っていいものな
のかわからない」と思っている人もい
るのではないでしょうか。わたし自身
もそうでした。しかし、運動とはその
ことに対して知識が十分にある人だけ
が参加できるというものではないとわ
たしは思います。活動をしながら学ん
でいける場もあるはずです。今の状況
を少しでも変えたいという思いがあっ
たら、一歩踏み出してみませんか。

「PEACE FESTIVAL」
後のわたし

サポーターズの活動は8月で終わっ
てしまったのですが、9月から帰国ま
で、「平和ナビ」の会員として活動を
することにしました。また、活動をし
たことが自信につながり、今までより
も積極的にいろいろな場に出て行き人
と関わることができるようになって、
以前よりも充実した留学生活が送れて

複雑な韓国社会

　本書ではソウル旅行を切り口に「日韓」の歴史について解説する形式をとってきましたが、ソウル踏査^{タブサ}をする際には注意すべき点があります。ソウルで見て感じたことが日朝関係史・朝鮮近現代史のすべてではないということです。ソウルには消去されている歴史もあれば、過剰に強調された歴史もあります。なぜこのような複雑性を帯びているのでしょうか。その背景を朝鮮半島の分断から考えてみたいと思います。

朝鮮の解放と分裂

　1945年8月15日、日本の敗戦とともに朝鮮は日本の植民地支配から解放されました。朝鮮人の手で自主国家を樹立する機会が訪れたのです。しかし、植民地支配という構造のもとで朝鮮人たちが解放後の国家体制について議論する十分な時間をもつことはできませんでした。独立運動家たちは植民地支配からの独立という最優先課題に向けて協力しても、政治路線をめぐっては意見の違いが生じていました。そのなかで急に独立が訪れたのです。国家体制をめぐる意見対立を解消していくべきこの時期に、日本の民族分裂政策によって植民地支配に積極的に協力した「親日派」および植民地支配のもとで富を蓄積してきた資本家が自らの既得権益を守るために解放後の政局の前面に出たことは、これから朝鮮半島で起こる悲劇を予告していました。

　解放直後の時点で朝鮮半島では、呂運亨^{ヨウニョン}（76頁）を中心として準備さ

呂運亨
（出典：Wikimedia Commons）

大韓民国臨時政府
（1920年1月1日）
（出典：Wikimedia Commons）

れてきた建国準備委員会が活動を開始し、1945年9月には建国準備委員会を発展的に継承して全民族的統一政府を目指した朝鮮人民共和国が樹立されました。ところが、「親日派」勢力を含む右派勢力は、「親日派」の清算を掲げる左派勢力との協力を拒否して朝鮮人民共和国に参加せず、大韓民国臨時政府（以下、臨時政府）の絶対支持を示しました。臨時政府は、1919年の3・1独立運動（72 〜 73頁）をきっかけに独立運動を指導する中心的な機関が必要だという認識のもとで上海で設立されたもので、設立当初には多くの独立運動家が臨時政府のもとに結集しました。しかし、臨時政府がアメリカなどの帝国主義国に朝鮮の独立を請願する外交独立論を堅持すると、その限界性を指摘して武装闘争論を主張した左派勢力は臨時政府を離れました。臨時政府は独立運動を指導する団体としての地位を失い、多くの独立運動団体のなかの一つとなったのです。そして、左派勢力が大々的に離れたことで独立運動勢力のなかでは最も右派的性格を帯びる団体となりました。ただ、李奉昌、尹奉吉の義烈闘争を指揮し（103 〜 104頁）、1940年に韓国光復軍を創設して武装闘争を目指すなど、1930年代からは外交独立論を克服しようとする動きを見せました。つまり、臨時政府は独立運動を指導する「政府」ではなかったものの、独立のために変化もいとわずに活動を展開したのです。解放直後における「親日派」勢力による臨時政府絶対支持の表明は、有力な独立運動団体であった臨時政府を利用して左派勢力を排撃し、植民地支配に協力した自らの過誤を隠そうとするものでした。

アメリカとソ連の進駐と米軍政の実施

一方、解放前後の時点でアメリカとソ連が朝鮮半島を南北に分割し、南部はアメリカが、北部はソ連が占領することが合意されていました。米軍は1945年9月8日に仁川（インチョン）に上陸し、翌日に軍政を敷きました。「親日派」勢力は米軍の進駐を歓迎しました。米軍政は、帝国主義勢力に対抗的な朝鮮人民共和国と臨時政府を否認し、米軍政に協力的な「親日派」を積極的に登用しました。こうなると、「親日派」勢力は既得権益の維持にとどまらず、自らが主導する政権を樹立するために動き出します。左派勢力に比べて大衆的支持を得られていなかった「親日派」勢力はアメリカから帰国した右派政治家・李承晩（イスンマン）を抱き込み、中国から帰ってきた臨時政府に接近しました。しかし、植民地支配からの解放を目標に海外で独立運動をしてきた臨時政府は当然ながら「親日派」勢力とは距離を置きました。

ところが、1945年12月にアメリカ・イギリス・ソ連によるモスクワ外相会議が開かれると状況が急変します。モスクワ外相会議では解放後の朝鮮政策について議論され、①臨時朝鮮民主主義政府を樹立すること（大韓民国臨時政府とは異なる）、②米英ソ中の4か国による最長5年の信託統治を実施すること、などが合意されました。①はソ連が、②はアメリカが提起した条項でした。李承晩と「親日派」勢力はこうした経緯を知っていたにもかかわらず、信託統治案はソ連が提起したものであり、これに賛成することは再び外国の支配に入ることだと宣伝しました。そして、モスクワ外相会議を尊重するとした左派勢力を反民族的勢力だと決めつけました。このような歪曲された宣伝は、大衆的支持を受けていた左派勢力を排除したかった米軍政の黙認のもとで行われました。一方、外国勢力を排除するとともに臨時政府を中心とする政権を樹立すべきだと主張した臨時政府勢力もモスクワ外相会議に反対を示して、ついに李承晩・「親日派」勢力と結託しました。このような左派対右派の構図のなかで、「親日派」勢力は反ソ連・反共産

主義を掲げる「愛国者」と宣伝され、右派勢力は支持基盤を固めていきました。

大韓民国の樹立

李承晩・「親日派」勢力は自らを中心とする政権を樹立するために、一歩進んで南朝鮮単独選挙を主張するにいたります。しかし、あくまで臨時政府を中心とする統一政府の樹立を主張した臨時政府勢力は李承晩・「親日派」勢力の南朝鮮単独選挙案には同意できませんでした。大多数の民衆も当然ながら分断を前提とする単独選挙には反対していました。ところが、米ソ冷戦が激化するにつれて南朝鮮単独選挙が現実化すると、臨時政府の主席・金九（103〜104頁）は南朝鮮単独選挙に参加しないことを宣言し、南北指導者の交渉を推進して統一政府の樹立のために努力しました。こうした努力があったにもかかわらず、アメリカの主導で1948年8月15日に朝鮮南部で単独政府が樹立され、初代大統領に李承晩が就任しました。この国が今の大韓民国（以下、韓国）です。それに次いで、北部でも朝鮮民主主義人民共和国（以下、共和国）が成立し、朝鮮半島には二つの政府が誕生しました。

「親日派」勢力を中心とする韓国政府は、満洲地域で抗日武装闘争を展開してきた金日成が共和国の指導者になったことに対抗して、韓国は臨時政府を継承したと主張しました。こうした認識は朝鮮戦争を経て朴正煕・全斗煥軍事独裁政権期にさらに強化されました。そして、1987年の憲法改正にあたって「大韓民国は3・1運動で建立された大韓民国臨時政府の法統」を継承するという文言が明記され、現在までいたっています。その影響で、歴史教科書においては臨時政府を中心に独立運動史が記述されており、博物館では臨時政府の展示を大々的に行っています。また、孝昌公園（103〜104頁）に臨時政府要人の墓地があるなど、臨時政府と韓国の連続性が強調されています。ところが、多くの臨時政府勢力は単独政府の樹立に反対を示したのであり、韓国政府樹立後にも統一政府樹

立運動を展開した金九は1949年に李承晩・「親日派」勢力によって暗殺されました。韓国が臨時政府を継承したとはいえないのです。

歴史認識の分断と今の韓国社会

また、臨時政府継承論は韓国の歴史において左派勢力の武装闘争運動および社会主義運動を消去または軽視する結果をもたらしました。臨時政府が独立運動を指導する「政府」としての役割を果たせなかったことは上述したとおりです。なお、解放直後の左派勢力への大衆の支持を考えると、左派勢力による独立運動はとうてい軽視できない存在です。したがって、反共和国認識にもとづいた臨時政府継承論は韓国社会の歴史認識に深刻な偏りをもたらしています。これと関連して、共和国が3・1独立運動における労働者および農民の役割を重視したうえでその後の武装闘争抗争と社会主義運動を強調したのに対し、韓国では独立宣言書を作成した「民族代表」33人の役割が評価されてきました。しかし、「民族代表」は全民族的独立運動を望んでおらず、それどころか日本の支配のもとでの「自治」を要求したことが歴史学研究の成果として明らかになっています。「民族代表」の一部はのちに「親日派」となっていくのですが、韓国社会において「民族代表」を高く評価する傾向は解放後に「親日派」が生き延びたこととも通ずる側面があるように思います。3・1独立運動が「親日派」勢力の正当性確保のために利用されたともいえるでしょう。なお、李承晩政権のもとでは3・1独立運動が「共和国に対抗して団結しよう」という趣旨で利用されるなど、独立運動が政権に利用される傾向を見せました。

韓国は臨時政府よりも米軍政を継承した国といったほうが適切でしょう。韓国は、冷戦構造のなかで反共産主義を国家理念としてアメリカ主導の資本主義陣営に入りました。アメリカを新たな「宗主国」としたのです。アメリカは東アジアにおける共産主義の勢力拡張を防ぐために韓国と日本が協力関係を構築するように要求しました。それにともない、朴正熙軍事独裁政権期の1965年に

日韓の国交が正常化しました。ただ、東アジアにおける資本主義国の同盟を目的とした日韓の会談では日本の植民地支配が清算されることはなかったのです。なお、同じく植民地支配の被害者である共和国の意思は完全に排除されました。

現在の尹錫悦政権はこのような歴史を背景として成立した政権です。分断体制のなかで既得権益を得てきた人びとの支持を受けて成立した政権なのです。その影響で、尹錫悦政権は分断イデオロギーと日米韓の協力を強調して歴史に介入しています。尹政権は、陸軍士官学校内にある独立運動家・洪範図の胸像を撤去しようとしています。洪範図は満洲地域などで武装闘争独立運動を繰り広げた人物ですが、政権側は洪範図とソ連との関わりを指摘する見解があるとして、そのような人物の胸像を陸軍士官学校に置くことはできないと主張しています。解放後の韓国で培われてきた反共産主義認識を独立運動にあてはめて、政権の独断で独立運動の「善悪」を判断しようとする不適切な行為であるといえます。そのうえで、日本軍「慰安婦」問題を記憶しようと設置された「記憶の場」（40頁）のモニュメントの撤去および国家事業としての大々的な韓米同盟70周年記念事業の実施から、日米韓協力を強化しようとする政権の意図を読みとることができます。

このように韓国では政権が歴史、特に近現代史に介入しています。ソウルは韓国の首都として政権の介入が最も顕著に表れる場所でもあります。ソウル踏査を行う際にはこうした点に留意する必要があります。そして、このような複雑さの背景に分断の問題、さらに根源を探っていくと日本の植民地支配があるということも同時に考える必要があるでしょう。　　　（李）

大韓民国歴史博物館における
韓米同盟70周年記念展（2023年）

座談会 韓国のイメージって？

日本で語られる韓国のイメージ。
K-POP、カワイイ、インスタ映え……。
そのようなイメージをどのように考えたらいいのでしょうか。
ソウル旅行の際にも意識しておきたいポイントを学部生三人で話してみました。

（2023年10月14日オンライン）

韓国にはエンタメしかない？

滝波 今、二人は韓国に留学しているけれど、日本人の韓国認識でなにか考えていることってありますか？

藤田 留学に来たばかりの頃、根岸さんが「エンタメには興味がないけど韓国に来た」といったときに、ほかの日本人留学生から「なんで来たの？」といわれて、わたしはちょっとショックだった。

根岸 K-POPも韓国ドラマも知らないと話したら、「えっ？　じゃ、なんで来たんですか？」といわれて、戸惑った。

藤田 当たり前のことだけど、韓国はエンタメや文化だけの国じゃない。歴史を学びたくて韓国に来るという可能性が、多くの人にとってはなかなか想像で

きないことなのだなと思った。

滝波 わたしは完全にドラマから入ったので、根岸さんが歴史から入っているのは「すごい」と思っていたけど……それもゴメン！

藤田 うん、思っちゃう。思ってしまうのはそうだけど……。

滝波 きっとそういうところが問題なんだよね。

藤田 でも、歴史から入ったことがすごいと思うことと、「エンタメに興味ないのになんで韓国に来たの？」というのはまた違うんじゃないかな。後者は韓国には「エンタメしかない」「ほかになにもない」と思っているということだから。

根岸 たしかに。留学する前にも、「留学へ行きます」というと「えっ、

どこへ行くの?」「韓国です」「えっ? 韓国へ留学ってなんで?」といわれることがあって。「韓国は文化とかエンタメしかないから、勉強する対象じゃない」という意識があるのかな。

藤田 「めっちゃ、遊べるじゃん」「楽しそう」といわれることがあって、それは留学先としてほかの国をあげたときの反応とちょっと違うだろうな、と。

滝波 なんてこった。いやぁ、バカにされているよ。

藤田 あとは、「彼氏、つくりなよ」とすごくいわれた。

滝波 えぇ、どういうこと?

藤田 よくわからないけど、「韓国人の彼氏って、すごくやさしいとかいうじゃん」みたいな……。

根岸 そういうこと、いわれるよね。

藤田 韓国に対する一般的な印象が、そういう言葉から感じられる。

根岸 全体的に下に見ている感じがある。

韓国旅行のイメージ

根岸 市販されている韓国の旅行ガイドブックを読んで考えたことなのだけど、植民期に日本人によってつくられたものに対する視点に引っかかるところがありました。明洞の例がわかりやすいと思うのですが、明洞芸術劇場（36頁）はガイドブックには〈モダンでロマンチックなもの〉と書かれていることがあって、違和感があります。当時の朝鮮の人びとにとってはその建物が日本の支配や侵略を象徴するような威圧的な存在だったのではないかと思います。それを今の日本人が「ロマンチックなものだ」とか「モダンなものだ」ということは、当時の人びとの気持ちや境遇を踏みにじるような暴力性を感じます。

滝波 景福宮（48〜49頁）の場合も〈ここには昔、朝鮮総督府が置かれていた〉という話がサラッと一文で書かれていることが多いけれど、これも暴力的だと思いました。国の中心の王宮をつぶして支配の象徴となる建物を置いたのは、ものすごく暴力的なのに、その視点がこぼれ落ちているよね。

藤田 わたしが持っているガイドブックには、〈日本によって景福宮の建物の一部は撤去されてしまった〉みたいに書いてあって、それがすごく他人事だなと思った。「あぁ、撤去されちゃったんだ、おしいね」と読む人が多いのかなと思って、今いってくれたように引っかかりました。日本による植民地支配の歴史まで考えがいかない

ような記述ですよね。

根岸 あくまでも他人事という感じ。

滝波 読んでいて気持ちのいいものにしたいから、あえて提示しないのかなと思うけれど、そもそも歴史を軽視するのは間違っていると思うし、明洞芸術劇場みたいに美化する。それをロマンチックなものとして描くのも、歴史否定といっても過言ではないと思う。

藤田 それから、韓国のガイドブックやエンタメの本は、ピンクや紫が使われることが多いのが気になる。「韓国旅行・エンタメ＝女性」というイメージが前面に押し出されていて、問題じゃないかと思いました。

滝波 韓国ドラマが日本に持ち込まれた途端、ポスターが改変されてピンク色のデザインになったり、邦題を恋愛の要素を前面に出したものに変えたりしていることに納得がいかないです。韓国ドラマには社会問題を取り上げたものも多く、ファンのなかにもそうした作品に共感している人が多いです。恋愛を扱ったドラマでも、そこにはとどまらないテーマ性があります。「韓国ドラマといえば恋愛ドラマ」「韓国ドラマファンは恋愛ドラマが好き」だと決めつけられて、バカにされていると感じる。

根岸 たしかに下に見ているね。

滝波 ドラマが伝えようとしているメッセージを無視して、ポスターやタイトルを改変するのはやめるべきだと思う。

文化交流の限界性

根岸 「文化交流で日韓関係を改善しよう」とよくいわれるけれど、日本の加害の歴史をきちんと知らなければ文化交流をしても真の意味で関係は改善しないと思います。歴史を知らないと、日本人としての加害責任を自覚できずに、無意識に差別的な発言や人権侵害をしてしまう可能性があります。日本がこれまで朝鮮に対してなにをしてきて、どういう対応をとったのか、なぜそれが問題になっているのかを知らなければ、日本に対する韓国からの正当な批判を受けとめることができずに、「韓国は解決済みのことをしつこくいっている」「韓国は反日だ」という言説につながってしまうように思います。

藤田 私もそう思いました。植民地支配は被害者がいる問題です。歴史を知らなければ、被害者が視野に入っていない交流になってしまうと思う。

滝波 歴史を無視した文化交流は、要するに日本人からすれば、「都合のい

いもの」「やっていて気持ちいいもの」なのだと思う。交流自体が無意味だとは思わないけれど、そのような交流は問題の本質から目を背けてしまっているから、それだけでは解決しないと思います。藤田さんがいっていたように、被害者が存在し、その人たちへの公式謝罪や賠償も十分になされていないし、在日朝鮮人差別は今も継続しています。日本人だからこそ、そうした問題に向き合う責任があると思います。文化交流が歴史を学ぶ入口になることもあるけれど、文化が100％になってしまうと話が違う。たとえばK-POPファンが歴史を知らずに、「自分の好きなアイドルは反日かも」「韓国は反日教育がひどいから」という考え方に簡単に傾いてしまうことがあるよね。「文化を知っているから、私は韓国のすべてを知っている」となってしまってはいけないと思う。

根岸 たしかに。K-POPや韓ドラ好きで、韓国に何回も行ったことがあるという人はたくさんいるけれど、だからといってすべてを知っているわけじゃないし、自分は全部を知っていると思っていると、簡単に「韓国＝反日」言説に引き寄せられていってしまう。

藤田 長く留学している人のSNSを見ていると、同じことを感じます。韓国で自分が見たものについて、歴史的文脈などを無視して「反日」というイメージに合う部分だけを切りとって人に伝えている場合があります。わたしたちも他人事ではないので、気をつける必要がありますが……。

ともに学ぶ仲間を

藤田 今回のソウルガイドを通じて、一緒に歴史を学び考える仲間が増えたらいいなと思っています。

滝波 そうだね！ ただでさえ「日韓」問題となると抵抗感を覚える人たちが多い。そういう環境のなかで勉強しようとしても、そういう社会の波に呑まれてしまうし、そういう人たちの声の大きさを感じてしまう。自分たちの主張や思いが届きづらい。だから仲間を増やしたいと強く思います。

藤田 一人でこのテーマを勉強していると、精神的にまいってしまったり、自分が間違っているんじゃないかという気持ちになることもあります。一緒に勉強する人や気軽に意見を話し合える人がすごく貴重だと思う。

根岸 一人では難しいことはいっぱいあるから、一緒に考えて、みんなで声をあげていきたいと思っています。

解 説

　本書は、ソウル観光を切り口に、近代の朝鮮と日本の歴史を学ぶことができるガイドブックです。本書を通じて、日本の朝鮮植民地支配の歴史について、ぜひ考えてほしいと思います。同時に、読者のみなさんに感じとってほしいことは、単に「過去」のことだけではありません。歴史を忘れずに記憶しようとする韓国の市民の現在の実践を知ってほしいのです。植民地支配の被害は、被害者やその支援者たちの長年の努力があって、はじめて問題の重大性が社会的に認知されたのでした。植民地支配の歴史を隠蔽しよう、忘却しようという動きはやむことはなく、歴史を記憶するためには絶え間ない努力が必要です。

　たとえば、日本軍「慰安婦」制度による被害を否定しようとする動きに抗して、「平和の少女像」や「日本軍「慰安婦」記憶の場」が韓国の市民の力で建立されてきました。前者は日本政府による撤去要求や歴史否定論者による攻撃に晒され続けてきましたし、後者のモニュメントは歴史を否定しようとする韓国の現在の政治情勢のもとで市民の抗議にもかかわらず撤去されてしまったのです。被害を記憶する営みが、いかに困難なことかがわかります。今日も韓国の市民は歴史を記憶するための実践を続けています。

　本書は、そのような韓国の市民の取り組みを受けとめ、自分たちも歴史の事実を社会に広げ記憶するための取り組みをしたいと考えた、本ゼミナール（朝鮮近現代史）の大学生・大学院生によって制作されました。企画を立ち上げたのは2022年度に学部3年生だった滝波・根岸・藤田の3名です。ここに、ゼミナールの前作『「日韓」のモヤモヤと大学生のわたし』（大月書店、2021年）に学部時代に参加し現在は大学院生である朝倉・李・熊野が加わり、6名の制作チー

ムとなりました。なお、都合により直接執筆に参加していない学生もいますが、ゼミナールでの日々の議論や実践の積み重ねのうえに本書を制作したことから「ゼミナール編」としました。

本書の制作にあたっては、多くの市民のみなさんからクラウドファンディングとカンパにより制作費用をご支援いただきました。歴史を伝え記憶しようとするゼミナールの実践に賛同してくださったみなさんの力があって本書ははじめて刊行することができました。

読者のみなさんも、韓国の市民たちの思い、そして本書の著者である大学生・大学院生の思い、さらには本書の制作にご協力くださった市民のみなさんの思いを受けとめ、植民地支配の歴史を学び考える輪に加わってくだされればうれしいです。

本書はガイドブックという形式をとったため、十分に論じられなかったことも少なくありません。また、本書内でも言及されているように、ソウルだけでは見えてこないことや、「日本と韓国」という枠組みでは見落とされてしまうことも少なくありません。さらに知りたいという人には、前掲『「日韓」のモヤモヤと大学生のわたし』に加え、その続編である朝倉希実加ほか編『ひろがる「日韓」のモヤモヤとわたしたち』（大月書店、2023年）、また岡本有佳・加藤圭木編『だれが日韓「対立」をつくったのか——徴用工、「慰安婦」、そしてメディア』（大月書店、2019年）をおすすめします。

＊本書は科学研究費助成事業21KK0212・21K00848の成果の一部です。

加藤圭木

あとがき

　本書の企画の始まりは、2022年秋に行ったソウル合宿でした。本書の6名の著者のうち、わたしを含む学部3年生（当時）にとってはこの合宿が「はじめての韓国」となりました。そこで、ソウルの有名な観光地を踏査（タブサ）しているうちに、観光地やその周辺にはその場所の歴史を知ることができる空間や物があちこちに存在することに気がついたのです。

　COVID-19に関する諸規制が解除され、そのうえ「日韓関係が良好」といわれている現在、日本から韓国へは多くの人たちが観光に行ったり、留学したりしています。観光地にあるおしゃれなカフェに行ったり、おいしいものを食べたり、ショッピングを楽しんだり、K-POPアイドルのコンサートに行ったり、韓国ドラマに登場する場所を訪問したりしています。このように韓国に行って、みんな文化は積極的に楽しんでも、そのすぐ近くにある「日韓」の歴史の痕跡にはまったく目を向けていないと思われます。むしろ、積極的に避ける姿勢があるのかもしれません。そして、わたしたちはこのような状況に対して、「モヤモヤ」を感じていました。そこで、わたしたちが踏査を通じて気がついたことや学んだ「日韓」の歴史を、ソウルのガイドブックという形で多くの人に届けることができたらとても大きな意味をもつのではないか、と考えはじめました。

　それから、わたしたちの4人のメンバーは留学などでソウルに滞在しながら、大学で授業を受け、課題をやりながら時間があるときには踏査をし、原稿を書いていきました。また、日本にいる2人のメンバーも忙しいなかたびたびソウルに来て、作業を進めてきました。そんななかで大切にしたのは、読者の方々がわたしたちと一緒に踏査をし、一緒に「日韓」の歴史を学んでいる気分になっていただけるようにすることでした。そうすることで、ソウルに行ったことのある方も、これから行く予定

の方も、行く予定のない方も全員が楽しみながら読んでいただけると考えたからです。ソウル旅行の出発地、仁川空港から始まり、各項では歩くコースで歴史のモニュメントが現れる順に解説をしていったり、K-POPに関連する「聖地」やおしゃれなカフェを訪問したあとにその場所の歴史を学べる配置にしたりしました。書いては消し、書いては消し、配置をし直しながら書き進めていきました。読者の方々が、本書を読みながらわたしたちと一緒にソウルを踏査し、一緒に学んでいるような気持ちになっていただけていたらうれしいです。ただ、本書は紙面の関係上、ソウルにある空間や物から学べる「日韓」の歴史のなかでも、近代史、特に植民地期を中心に扱っていること、また、どうしても載せることができなかったものが少なくないことを付言します。

　最後に、本書の制作にあたっては多くの方々のご協力をいただきました。加藤ゼミの卒業生でいらっしゃる羽場育歩さんには、わたしたちの似顔絵を描いていただきました。さらに、制作のためにクラウドファンディングを実施し、そこでは187人の方々から204万6000円のご支援いただくとともに、12人の方から18万8000円のカンパをいただき、本書の重要な要素であるカラー化を実現することができました。また、ご支援していただいた方々からの応援のメッセージは、とても励みになりました。イラストを描いてくださったカトウミナエさん、デザインを担当してくださったGRiDさんのおかげで、素敵なガイドブックにすることができました。そして、本書の編集者である角田三佳さんは、制作の過程で何度もコメントをくださいました。本書の執筆者を代表して、本書の制作を応援・ご支援・ご協力くださったすべての方々に感謝の気持ちを申し上げます。

2023年11月

根岸花子

主 要 参 考 文 献

本書の制作にあたっては、以下の参考文献のほか、現地踏査を実施し、現地の石碑・案内板、史跡・観光地等のパンフレット・ウェブサイトなどを参照した。朝鮮語文献には書誌情報の前に＊をつけた。

全体

李成市・宮嶋博史・糟谷憲一編『世界歴史大系　朝鮮史』1・2巻、山川出版社、2017年。

伊藤亜人ほか『朝鮮を知る事典』新訂増補、平凡社、2000年。

岡本有佳・加藤圭木編『だれが日韓「対立」をつくったのか──徴用工、「慰安婦」、そしてメディア』大月書店、2019年。

加藤圭木『紙に描いた「日の丸」──足下から見る朝鮮支配』岩波書店、2021年。

加藤圭木監修、一橋大学社会学部加藤圭木ゼミナール編『「日韓」のモヤモヤと大学生のわたし』大月書店、2021年。

加藤圭木監修、朝倉希実加・李相眞・牛木未来・沖田まい・熊野功英編『ひろがる「日韓」のモヤモヤとわたしたち』大月書店、2023年。

糟谷憲一『朝鮮の近代』山川出版社、1996年。

糟谷憲一『朝鮮半島を日本が領土とした時代』新日本出版社、2020年。

君島和彦・坂井俊樹・鄭在貞『旅行ガイドにないアジアを歩く韓国』二訂版、梨の木舎、2003年。

佐藤大介『観光コースでないソウル』高文研、2012年。

＊『ソウル歴史博物館常設展示小図録　ソウル600年の記録』ソウル歴史博物館、2015年。

歴史教育研究会（日本）・歴史教科書研究会（韓国）『日韓歴史共通教材　日韓交流の歴史──先史から現代まで』明石書店、2007年。

2　ソウルのランドマーク・Nソウルタワー

市川正明『安重根と日韓関係史』原書房、1979年。

梶村秀樹「旧朝鮮統治」は何だったのか」梶村秀樹著作集刊行記念会・編集委員会編『梶村秀樹著作集1　朝鮮史と日本人』明石書店、1992年。

金月培「安重根遺骸発掘の現況と課題──日本に問う、遺骸はどこにあるのか」李洙任・重本直utils編『共同研究　安重根と東洋平和──東アジアの歴史をめぐる越境的対話』明石書店、2017年。

＊キム・グンジョンほか『ソウル歴史踏査記5──南山一帯』ソウル歴史編纂院、2021年。

辛珠柏「植民地期の安重根に関する朝鮮人社会の記憶──「伊藤博文狙撃事件」をめぐって」伊藤之雄・李盛煥編『伊藤博文と韓国統治──初代韓国統監をめぐる百年目の検証』ミネルヴァ書房、2009年。

＊成大慶「韓末の軍隊解散とその蜂起」『成大史林』第1号、1965年。

崔起榮「安重根の「東洋平和論」──そのめざしたところと、形成された背景について」龍谷大学社会科学研究所附属安重根東洋平和研究センター・李洙任教授退職記念刊行委員会編『安重根「東洋平和論」研究──21世紀の東アジアをひらく思想と行動』明石書店、2022年。

方光錫「明治政府の韓国支配政策と伊藤博文」伊藤之雄・李盛煥編『伊藤博文と韓国統治──初代韓国統監をめぐる百年目の検証』ミネルヴァ書房、2009年。

宮田節子『朝鮮民衆と「皇民化」政策』未来社、1985年。

廉馥圭（橋本妹里訳）『ソウルの起源　京城の誕生──1910～1945植民地統治下の都市計画』明石書店、2020年。

3　定番スポット　明洞・南大門エリア

梶村秀樹「植民地と日本人」前掲『梶村秀樹著作集1　朝鮮史と日本人』。

木村健二『在朝日本人の社会史』未来社、1989年。

植民地歴史博物館と日本をつなぐ会・植民地歴史博物館編『植民地歴史博物館ガイドブック』（日本語版）2019年。

＊ソウル歴史博物館『南大門市場』2017年。

高崎宗司『植民地朝鮮の日本人』岩波新書、2002年。

＊鄭在貞「鉄道と植民地主義　鉄道建設と土地収用──植民拠点京釜線」『Premium Contents』2022年2月28日付（https://contents.premium.naver.com/chungjj9850/knowledge/contents/2202020618486 05Uz、2023年12月15日取得）。

韓洪九（崔順姫・韓興鉄訳）『韓国スタディーツアー・ガイド』彩流社、2020年。

朴慶植・水野直樹・内海愛子・高崎宗司『天皇制と朝鮮』神戸学生青年センター、1989年。

朴來群著（真鍋祐子訳）『韓国人権紀行　私たちには記憶すべきことがある』高文研、2022年。

平野隆「植民地下朝鮮における「中小商業問題」の展開」柳沢遊ほか編『日本帝国勢力圏の東アジア都市経済』慶應義塾大学出版会、2013年。

「ソウル中心部の歴史を記憶する南山“国恥の道”造成」『ハンギョレ』2019年8月28日付（http://japan.hani.co.kr/arti/politics/34217.html、2023年12月15日取得）。

＊「108年前の今日、李完用を襲撃して死刑になった独立運動家を知っていますか」『ハンギョレ』2018年9月13日付（https://www.hani.co.kr/arti/society/society_general/861914.html、2023年12月15日取得）。

4　歴史を感じよう　景福宮・光化門・市庁エリア

キム・ソギョン／キム・ウンソン（岡本有佳訳）『空いた椅子に刻んだ約束──《平和の少女像》作家ノート』世織書房、2021年。

岡本有佳・金富子責任編集、日本軍「慰安婦」問題webサイト制作委員会編『増補改訂版　「平和の少女像」はなぜ座り続けるのか──加害の記憶に向きあう』世織書房、2016年。

＊研究グループ空間談話・都市史学会『ソウルは記憶だ』ソヘ文集、2023年。

＊チャン・ソクフン『6・10万歳運動』韓国独立運動史研究所、2009年。

テッサ・モーリス＝スズキ（田代泰子訳）『過去は死なない──メディア・記憶・歴史』岩波現代文庫、2014年。

中塚明『歴史の偽造をただす──戦史から消された日本軍の「朝鮮王宮占領」』高文研、1997年。

＊「クォン・エラからヒョン・ゲオクまで……映画・ドラマの中の女性独立運動家」『女性新聞』2021年8月15日付（http://www.womennews.co.kr/news/articleView.html?idxno=214620、2023年10月14日取得）。

＊「「国を救うのに男女の区分があるのか」今も声「錚々」」『ソウルアンド』2019年4月4日付（https://www.seouland.com/arti/culture/culture_general/4862.html、2023年10月14日取得）。

「景福宮の迎秋門　43年ぶりに開放」『KBS WORLD JAPANESE』2018年12月7日付（http://world.kbs.co.kr/service/news_view.htm?lang=j&Seq_Code=70347、2023年10月8日取得）。

「権力と民意　変わる光化門広場」『KBS WORLD JAPANESE』2021年4月25日付（https://world.kbs.co.kr/service/program_segments_view.htm?lang=j&procode=one&bbs=nphistory&no=38037、2023年5月28日取得）。

「光化門広場で「朝鮮六曹コリ」痕跡を発掘…三軍府と司憲府など」『modelpress』2021年5月10日付（https://mdpr.jp/other/detail/2570950、2023年10月8日取得）。

「ソウル市、クァンファムン（光化門）広場前の朝鮮遺跡を市民に初公開」『SEOUL METROPOLITANGOVERNMENT』2021年5月13日付（https://japanese.seoul.go.kr/ソウル市、クァンファムン光化門広場前の朝鮮遺/、2023年10月8日取得）。

「100年前に日本が埋めた「王の階段」…光化門の月台跡発掘＝韓国」『ハンギョレ』2023年4月27日付（https://japan.hani.co.kr/arti/culture/46593.html、2023年10月8日取得）。

＊「貧しい露天商や労働者の住居、清渓川」『チャムセサン』2018年2月14日付（http://www.newscham.net/news/view.php?board=news&nid=102972、2023年9月17日取得）。

「歴史の上を歩く。文化の中で休む。新しく帰ってきた「クァンファムン（光化門）広場」」『VISIT SEOUL NET』2023年6月7日付（https://japanese.visitseoul.net/editorspicks/クァンファムン広場オープン_/41307、2023年9月17日取得）。

5　レトロかわいい　仁寺洞・益善洞エリア

梶村秀樹「8・15以後の朝鮮人民」前掲『梶村秀樹著作集5　現代朝鮮への視座』明石書店、1993年。

康成銀『朝鮮近現代史における3・1独立運動の位相』『大原社会問題研究所雑誌』第727号、2019年。

君島和彦「日露戦争下朝鮮における土地略奪計画とその反対闘争」旗田巍先生古稀記念会編『朝鮮歴史論集』下巻、龍渓書舎、1979年。

＊キム・ヘギョン「タプコル公園、記憶の層位をめぐる解釈」『韓国伝統文化研究』第14号、2014年。

慎蒼宇「植民地（征服／防衛）戦争の視点から見た朝鮮三・一独立運動」『大原社会問題研究所雑誌』第728号、2019年。

＊成大慶前掲論文。

＊チェ・インヨン／パク・ヒョン「大韓帝国期～植民地期におけるタプコル公園の運用と活用」『ソウル学研究』第91号、2023年。

橋谷弘『帝国日本と植民地都市』吉川弘文館、2004年。

＊橋本妹里「韓国近代公園の形成──公共性の観点から見た植民と脱植民の脈絡」成均館大学校大学院博士学位論文、2016年。

朴宰秀「〈ハングルの旅16〉ハングル普及で投獄、拷問、獄死」『朝鮮新報』2012年10月22日付（https://chosonsinbo.com/jp/2012/10/1022ys/、2023年9月2日取得）。

＊朴賛勝「3.1運動期ソウルの独立宣言と万歳デモの再構成──3月1日と5日を中心に」『韓国独立運動史研究』第65号、2019年。

中塚明前掲書。

中塚明・井上勝生・朴孟洙『東学農民戦争と日本──もう一つの日清戦争』高文研、2013年。

梁澄子『中学生の質問箱　慰安婦」問題ってなんだろう？──あなたと考えたい戦争で傷つけられた女性たちのこと』平凡社、2022年。

＊「設立者車美理士先生」徳成女子大学校ホームページ（https://www.duksung.ac.kr/contents/contents.do?ciIdx=35&menuId=927、2023年9月2日取得）。

「[歴史の中の今日] 日帝が押収「朝鮮語辞典原稿」ソウル駅倉庫で発見さる（上）」『ハンギョレ』2018年9月9日付（https://japan.hani.co.kr/arti/politics/31585.html、2023年9月2日取得）。

「[歴史の中の今日] 日帝が押収「朝鮮語辞典原稿」ソウル駅倉庫で発見さる（下）」『ハンギョレ』2018年9月9日付（https://japan.hani.co.kr/arti/politics/31586.html、2023年9月2日取得）。

6　ファッションとグルメを楽しもう！　東大門エリア

＊キム・グンヨンほか前掲書。

＊キム・スザ「第1共和国時期における奨忠壇公園のアイデンティティの変形過程」『韓国文化研究』第34号、2018年。

＊キム・チャンソン「昌慶宮博物館の設立と変遷過程研究」『古宮文化』第11号、2018年。

＊キム・チョンス「日帝強占期龍山基地形成過程についての基礎研究」『郷土ソウル』第87号、2014年。

＊キム・デホ「日帝下の宗廟をめぐる勢力葛藤と空間変形──1920年代における植民権力と貴族勢力の関係を中心に」『ソウル学研究』第43号、2011年。

＊キム・ヒョンジョンほか『ソウル歴史踏査記6──宗廟社稷・宮廷・成均館』ソウル歴史編纂院、2022年。

金富子・金栄『植民地遊廓──日本の軍隊と朝鮮半島』吉川弘文館、2018年。

＊『ソウル生活文化資料調査　昌信洞──空間と日常』ソウル歴史博物館、2011年。

宋連玉「日本の植民地支配と国家的管理売春──朝鮮の公娼を中心にして」『朝鮮史研究会論文集』第32号、1994年。

＊康馥圭「植民地権力の都市開発と伝統的象徴空間の毀損をめぐる葛藤の様相及び意味」『東方学志』第152号、2010年。

李成市「朝鮮王朝の象徴空間と博物館」宮嶋博史ほか『植民地近代の視座──朝鮮と日本』岩波書店、2004年。

＊「日帝が引き裂いた昌慶宮──宗廟、森で再びつながった」『ハンギョレ』2022年9月11日付（https://www.hani.co.kr/arti/area/capital/1058223.html）、2023年10月1日取得。

7　韓国旅行をもっと深く

加藤圭木「現代日本における朝鮮人への差別・暴力と歴史認識」須田努編『社会変容と民衆暴力──人びとはなぜそれを選び、いかに語られたのか』大月書店、2023年。

8　K-POPファン必見！芸能事務所めぐり

＊キム・グンヨンほか前掲書。

＊キム・チョンス前掲論文。

金度亨（勝村誠訳）「尹奉吉の思想と独立運動の戦略」『コリア研究』第9号、2018年。

＊キム・ドヨンほか『ソウル歴史踏査記3──漢江に沿って』ソウル歴史編纂院、2019年。

＊キム・ドンミン「朝鮮後期〜解放前後における纛島地域のソウル近郊として役割の変化と特徴」ソウル市立大学校大学院修士論文、2019年。

金富子・金栄前掲書。

熊野功英「一橋大生が迫る 渋沢栄一と朝鮮侵略（第2回）鉄道建設 狙いは農産物と綿製品の運搬 軍事政策利用しながら、ブルジョア的利益を推し進める」『週刊金曜日』第1355号、2021年。

＊辛珠柏「龍山と日本軍龍山基地の変化（1884～1945）」『ソウル学研究』第29号、2007年。

社団法人国民文化研究所編（草場里見訳）『韓国独立運動家 鴎波白貞基──あるアナーキストの生涯』明石書店、2014年。

＊ソン・ジヨン「露日戦争以降日帝の軍用地収用と韓国民の抵抗──ソウル（龍山）、平壌、義州を中心に」『梨大史苑』第30集、1997年。

鄭在貞（三橋広夫訳）『帝国日本の植民地支配と韓国鉄道──1892～1945』明石書店、2008年。

韓洪九前掲書。

＊康馥圭「日帝下における汝矣島飛行場の造成と航空事業の様相」『ソウルと歴史』第104号、2020年。

＊「今回は我々が守れなかった──梨泰院の悲しい歴史」『聯合ニュース』2022年11月1日付（https://www.yna.co.kr/view/AKR20221101145000022?input=1195m、2023年10月1日取得）。

「梨泰院の変遷」『KBS WORLD JAPANESE』2020年5月20日付（http://world.kbs.co.kr/service/contents_view.htm?lang=j&board_seq=385071、2023年9月17日取得）。

「植民地主義の清算と東アジアの平和をめざす　植民地歴史博物館」民族問題研究所ホームページ（http://minjokjp.cafe24.com/?cat=6&ckattempt=1、2023年9月13日取得）。

＊「朝鮮を動かした巨商、京江商人」龍山歴史博物館ホームページ（https://museum.yongsan.go.kr/articles/view?id=99、2023年9月7日取得）。

「日本の植民地支配の痕跡残す「解放村」今や人気観光地　韓流ドラマのロケ地にも」『東京新聞』2021年8月26日付（https://www.tokyo-np.co.jp/article/126903、2023年9月5日取得）。

「Netflix『梨泰院クラス』理解を深める3つの知識！「梨泰院・財閥・クラス」の社会的背景とは？」『cyzo woman』2022年7月15日付（https://www.cyzowoman.com/2022/07/post_395213_1.html、2023年9月19日取得）。

9　わたしたちと韓国文化

「「ウ・ヨンウ」エピソードは実話…当時の3人の弁護士「勝敗を越え、人間性を見た」」『ハンギョレ』2022年7月31日付（https://japan.hani.co.kr/arti/culture/44157.html、2023年10月8日）。

「韓国 銃乱射事件 追跡部隊員ら、なぜイム兵長に対応射撃をしなかったか？」『ハンギョレ』2014年6月23日付（https://japan.hani.co.kr/arti/politics/17651.html、2023年10月8日）。

「韓国ドラマ「模範タクシー」に快感感じた視聴者　モチーフは実在のパワハラ事件」『The Asahi Shimbun GLOBE＋』2021年6月12日付（https://globe.asahi.com/article/14370168、2023年10月1日取得）。

「韓国兵が集団いじめで死亡、同僚に殺人罪」『CNN』2014年9月4日付（https://www.cnn.co.jp/world/35053315.html、2023年10月8日）。

「水族館イルカのビボイ、済州島の海に帰るための適応訓練を開始」『ハンギョレ』2022年8月4日付(https://japan.hani.co.kr/arti/politics/44193.html、2023年10月1日）。

「水族館最後のイルカ 海に放流 17年ぶり＝韓国」『KOREA.net』2022年8月4日付（https://japanese.korea.net/NewsFocus/Society/view?articleId=219014、2023年10月1日取得）。

10　活気あふれる若者の街　新村・弘大エリア

金富子『継続する植民地主義とジェンダー──「国民」概念・女性の身体・記憶と責任』世織書房、2011年。

徐仲錫（文京洙訳）『韓国現代史60年』明石書店、2008年。

鄭在貞前掲書。

吉澤文寿「［寄稿］植民地支配の被害者の人権踏みにじる「1965年体制」を民主化しよう」『ハンギョレ』2023年3月11日付（https://japan.hani.co.kr/arti/opinion/46156.html、2023年11月1日取得）。

＊ウェブサイト「戦争と女性の人権博物館」(https://womenandwarmuseum.net、2023年9月30日取得）。

ウェブサイト「Fight for Justice 日本軍「慰安婦」──

忘却への抵抗・未来の責任」(http://fightforjustice.
info、2023年9月30日取得)。
「南山「慰安婦記憶の場」撤去決定に「歴史性無視」
と反発＝韓国」『ハンギョレ』2023年9月2日付（https:
//japan.hani.co.kr/arti/politics/47730.html、2023年
9月30日取得）。
「日本軍慰安婦『記憶の場』、ソウル市による奇襲撤去
を阻止した「紫の波」」『ハンギョレ』2023年9月5日付
（https://japan.hani.co.kr/arti/politics/47754.html、
2023年9月30日取得）。

11　ラグジュアリーなおしゃれスポット　江南エリア

イ・ミンギョン（生田美保ほか訳）『脱コルセット──到
来した想像』タバブックス、2022年。
＊イ・ワンボム「金性洙の植民地権力に対する抵抗と協
力──「協力的抵抗」から「抵抗的協力」へ」『韓国民
族運動史研究』第58号、2009年。
キム・インミョンほか（大島史子訳）『根のないフェミニ
ズム──フェミサイドに立ち向かったメガリアたち』アジ
ュマブックス、2021年。
金誠『孫基禎──帝国日本の朝鮮人メダリスト』中公
新書、2020年。
＊キム・ドヒョン「日帝侵略期における反民族支配集団
の形成と民族改良主義」『歴史批評』第8号、1989年。
＊キム・ハナ「20世紀初頭における永登浦の都市変化
及び位相」『ソウル学研究』第45号、2011年。
＊キム・ヒョンジュ「戦時期都市住宅難と日帝の住宅政
策──朝鮮住宅営団と朝鮮貸家組合を中心に」ソウル
市立大学校大学院修士論文、2019年。
金明洙「永登浦工場地帯の形成と日系企業の集積」柳
沢遊ほか編前掲書。
＊クァク・コンホン「解放直後における永登浦工場地帯
と労働運動」『歴史研究』第9号、2001年。
タバブックス編『韓国フェミニズムと私たち』タバブック
ス、2019年。
チョン・フィジン編（キム・リ・イスル訳）『＃MeTooの
政治学──コリア・フェミニズムの最前線』大月書店、
2021年。
＊池秀傑「1930年代前半期におけるブルジョア民族主
義者の「民族経済建設戦略」──朝鮮工業化と円ブロ
ック再編政策に対する認識を中心に」『国史館論叢』第
51号、1994年。
＊ジャン・シン「1924年の東亜日報改革運動と言論界
の再編」『歴史批評』第75号、2006年。
＊ジャン・シン「日帝末期における金性洙の親日行跡と
弁護論批判」『韓国独立運動史研究』第32号、2009年。

12　もっと知りたい韓国社会

＊安哲鉉「李承晩政権の「臨時政府法統継承論」を批
判する」『歴史批評』第10号、1990年。
＊オ・ジェヨン「韓国の民主化運動と「3.1運動記憶」
──4.19革命から6月抗争まで」『東方学志』第185
号、2018年。
＊オ・ジェヨン「李承晩政権期における3.1運動の政治
的召喚と競合」『韓国史研究』第183号、2018年。

康成銀「三・一運動における「民族代表」の活動に関
する一考察」『朝鮮学報』第130号、1989年。
＊キム・ジョンイン「3.1運動と臨時政府法統性認識の
政治性と学問性」『ソウルと歴史』第99号、2018年。
＊金東椿『大韓民国はなぜ？1945-2020』改訂版、サ
ゲジョル、2020年（日本語版：金東椿［李泳采監訳］
『韓国現代史の深層──「反日種族主義」という虚構を
衝く』梨の木舎、2020年）。
＊鄭泰憲「臨時政府法統論」『初等ウリ教育』第57号、
1994年。
＊シン・チュンシク「上海臨時政府認識に問題あり」『歴
史批評』第2号、1988年。
＊徐仲錫『写真と絵で見る韓国現代史』改訂増補3版、
ウンジンジシクハウス、2020年。
＊韓洪九『大韓民国史』第1巻、ハンギョレ出版、2003年
（日本語版：韓洪九［高崎宗司監訳］『韓洪九の韓国現
代史──韓国とはどういう国か』平凡社、2003年）。
＊ノ・ギョンチェ「『臨時政府』はどれだけ独立運動を
したのか」『歴史批評』第13号、1990年。
＊尹大遠「大韓民国臨時政府研究、今や事実と客観性
を」『明日を開く歴史』第28号、2007年。
＊ユン・ドクヨン「宋鎮禹・韓国民主党の過渡政府構
想と大韓民国臨時政府支持論」『韓国史学報』第42
号、2011年。
＊「進歩歴史学界「文在寅政府の『臨政正統論』は冷
戦意識を強化」と批判」『ハンギョレ』2019年4月14日
付（https://www.hani.co.kr/arti/culture/religion/
889942.html、2023年11月28日取得）。
＊「「洪範図排除」めぐり首相と国防部が異なる立場表
明…乱脈ぶり露呈した韓国政府」『ハンギョレ』2023年
9月4日付（https://japan.hani.co.kr/arti/politics/477
36.html、2023年11月28日取得）。

写真の出典

27頁「1933年当時の朝鮮神宮」：「조선신궁 전경（항
공사진）」ソウル歴史アーカイブ（https://museum.
seoul.go.kr/archive/archiveNew/NR_archiveView.do
?ctgrId=CTGRY821&type=D&upperNodeId=CTGRY8
21&fileSn=300&fileId=H-TRNS-103295-821）。
51頁「ろうそく集会（2016年11月12日）」：「광화문광
장의 집회 모습／촛불집회」大韓民国歴史博物館アーカ
イブ（https://archive.much.go.kr/data/03/folderVie
w.do?jobdirSeq=661&idnbr=2017003002）。
82頁「植民地期の奨忠壇」：「장충단공원 벛꽃」ソウル
歴史アーカイブ（https://museum.seoul.go.kr/archive
/archiveNew/NR_archiveView.do?ctgrId=CTGRY810
&type=D&upperNodeId=CTGRY810&fileSn=300&fileI
d=H-TRNS-103459-810）。
※以上の写真は공공누리（KOGL）第1類型に該当します
（いずれも2023年10月31日取得）。
　出典を示していない写真は編者撮影。

監修者

加藤圭木（かとう　けいき）

1983年生まれ。一橋大学大学院社会学研究科准教授（朝鮮近現代史・日朝関係史）。

主な著作に『植民地期朝鮮の地域変容——日本の大陸進出と咸鏡北道』（吉川弘文館、2017年）、『だれが日韓「対立」をつくったのか——徴用工、「慰安婦」、そしてメディア』（共編、大月書店、2019年）、『紙に描いた「日の丸」——足下から見る朝鮮支配』（岩波書店、2021年）がある。

編　者

一橋大学社会学部加藤圭木ゼミナール

朝鮮近現代史・日朝関係史ゼミナール。学部3・4年生に加え、卒業生の大学院生も参加している。平和や人権、ジェンダーの観点を大事に、歴史を学び、考え、語り合う。本書は2023年度の学部4年生と大学院生が制作。Ｘアカウントは@info_moyamoya、Instagramは@info_nyumon。ゼミナールの前著として『「日韓」のモヤモヤと大学生のわたし』（大月書店、2021年）、ゼミナールメンバーによる著作として『ひろがる「日韓」のモヤモヤとわたしたち』（大月書店、2023年）がある。

装幀・本文デザイン　GRiD（黒部友理子）
イラスト　カトウミナエ

大学生が推す　深掘りソウルガイド

2024年3月15日　第1刷発行　　　　定価はカバーに
　　　　　　　　　　　　　　　　　表示してあります

監修者　　加　藤　圭　木

編　者　　一橋大学社会学部
　　　　　加藤圭木ゼミナール

発行者　　中　川　　進

〒113-0033　東京都文京区本郷2-27-16

発行所　株式会社　大　月　書　店　　印刷　太平印刷社
　　　　　　　　　　　　　　　　　　　製本　中永製本

電話（代表）03-3813-4651　FAX 03-3813-4656　　振替00130-7-16387
http://www.otsukishoten.co.jp/

©Kato Keiki 2024

ISBN978-4-272-21131-9　C0026　Printed in Japan

「日韓」のモヤモヤと大学生のわたし　　　　　　加藤圭木　監修　　　　A5判一八四頁　本体一六〇〇円

ひろがる「日韓」のモヤモヤとわたしたち　　　　加藤圭木　監修　　　　A5判二四〇頁　本体一八〇〇円

だれが日韓「対立」をつくったのか　　　　　　　加藤圭木　編　　　　　四六判一六八頁　本体一四〇〇円
徴用工、「慰安婦」、そしてメディア

歴史否定とポスト真実の時代　　　　　　　　　　岡本有佳　著　　　　　四六判二四八頁　本体二四〇〇円
日韓「合作」の反日種族主義」現象　　　　　　　康誠賢　著
　　　　　　　　　　　　　　　　　　　　　　　鄭栄桓監修・古橋綾訳

大月書店刊
価格税別